Mein Traumflieger

Teil 2 - Zwischen Zeit und Traum

Leider besteht unser Leben nicht nur aus Sonnenschein, Harmonie und glücklichen Augenblicken. Angst und Gewalt bestimmen in weiten Teilen den Alltag auf der Welt. Drogensucht, Kindesmissbrauch, Verbrechen und Krieg sind in der Gesellschaft fast allgegenwärtig. Ebenso häufig existieren Todessehnsüchte, unbestimmte Ängste und Fantasien. Vor diesen Dingen die Augen zu verschließen, wäre wenig hilfreich. Der Dichter hat, will er ernstgenommen werden, geradezu die Pflicht, nicht nur die Schokoladenseite des Lebens in Verse zu fassen, sondern eben auch Albträume und Ängste zu thematisieren.

Wolfgang Walther

Zwischen Zeit und Traum

Geschichten und Gedichte

Bibliografische Information durch Die Deutsche
Bibliothek:
Die Deutsche Bibliothek verzeichnet diese Publikation in
der Deutschen Nationalbibliografie; detaillierte
bibliografische Daten sind im Internet über
<http://dnb.ddb.de> abrufbar

Foto Seite 32 und 73 = Melling Rondell
Foto Seite 96 = Günter Havlena – Pixelio.de
Alle anderen Fotos einschließlich Umschlag – Wolfgang Walther

Herstellung und Verlag: BoD - Books on Demand, Norderstedt

ISBN   9783753440279
€ 12,50

Traumflieger

Manchmal verspürt, wie frisch getaut,
Hauch deiner Seele, meine Haut,
berühret mich so zart und glatt,
fast wie vom Rosenstrauch ein Blatt.
Dann weiß ich, dass du an mich denkst
und deinen Blick zum Himmel lenkst
und bittest ihn, er möge mich
erinnern, dass ich denk' an dich.
Ich ruf' zurück und sende dir,
nein, keinen Brief, kein Blatt Papier,
mein Traum fliegt hoch, weit in die Nacht
und findet dich, im Schlummer sacht.
Dort eint er sich mit den Gedanken,
die sich aus deinen Träumen ranken.
Gemeinsam steigen sie empor
und schweben durch der Zeiten Tor.
Dem Tor zu einer and'ren Welt,
die alle Träume einbehält.
Sie werden dort, noch in der Nacht,
zu feinem Sternenstaub gemacht
und wiederum zurückgesandt,
in unser Träume Wunderland.

Gott sei Dank! Nur ein Traum!
Erleichtert stellen wir fest, dass unsere Verfolger in einer anderen Welt zurückgeblieben sind, dass der Mord nicht wirklich geschehen ist, dass es keinen bodenlosen Abgrund gibt, in den wir fallen.

Schade, es war nur ein Traum.
Bedauernd schauen wir den schwindenden Gedanken hinterher. Versuchen, sie noch ein paar Augenblicke lang festzuhalten. Vergeblich. Je wacher wir werden, umso mehr verblassen die Bilder der Nacht.

Was sind Träume?
So ganz genau weiß das keiner.
Sind sie Abbild der Wirklichkeit, Spiegel unserer Seele? Tragen sie unsere geheimen Wünsche und Sehnsüchte mit sich? Führen sie uns bei Nacht auf dem Weg weiter, den wir am Tag beschritten haben? Zeigen sie uns, wie es hätte sein können? Warnen sie uns? Machen sie Hoffnung?

Im Traum des Schlafes erleben wir die Wirklichkeit, wie sie nie sein wird. Aber wir sind, während wir träumen, felsenfest von der Realität überzeugt und haben nicht den geringsten Zweifel an der Wirklichkeit des Geschehens, in dem wir agieren.
Ganz im Gegensatz zum Tagtraum. Hier stellen wir uns die Wirklichkeit in ihren Möglichkeiten vor, wie sie sein könnte, wie wir sie uns wünschen, uns träumen. Hier wissen wir, dass es nur Träume sind und auch bleiben. Wir malen uns kein Bild der Zukunft, wie sie vielleicht einmal sein könnte. Wir träumen uns Dinge und Situationen herbei, die nie oder zumindest nicht so passieren werden. Wir wünschen uns Eigenschaften, die wir nicht besitzen. Wir träumen uns ein Märchen.

Manchmal jedoch werden Träume wahr.

Die Tibeter beschreiben in ihrem „Totenbuch" den Traum als die andere Realität der Seele, an die wir im Schlaf mit einer goldenen Kette gebunden sind.

Wenn uns aber etwas vorzeitig aus unseren Träumen hole, wie z.B. das Klingeln eines Weckers und wir uns erschrecken würden, sei der Ruck an der Kette oft so heftig, dass wir uns deshalb nicht mehr an sie erinnern könnten. Aber wenn wir unseren Körper am Ende des jetzigen Lebens verlassen dürfen, risse diese Kette und wir befänden uns, losgelöst von unserer sterblichen Hülle, in dieser „anderen Realität", und träumten vom nächsten Leben.

Träume sind „Lichtgestalten". Nicht greifbar! Nicht angreifbar! Nicht unerfüllbar! Nur, wenn wir uns den einen Traum erfüllt haben, müssen wir dafür Sorge tragen, einen anderen in petto zu haben. Lessing lässt seinen Rächer in „Nathan der Weise" sagen: „Wenn denn nun einer meiner Wünsche wärmster, innigster, erfüllet ist, was dann? Ah, ich erschrecke!"

Träume sind wie Wünsche. Wünsche, die nicht immer erfüllt werden müssen, die uns wach halten. Bis auf die wenigen, gottlob flüchtigen Augenblicke des „Wunschlos-Glücklich-Seins".

Das Streben nach dem „All-Eins-Sein", lässt uns lieben, weiterleben, weiterträumen.

Solange wir leben, träumen wir, solange wir träumen, leben wir. Denn die Träume treiben uns voran. Sie lassen uns immer wieder nach Neuem suchen, nach Veränderung streben, vorwärts eilen.

Lass die Träume

Der Tag erwacht,
es flieht die Nacht,
der Amsel Lied begrüßt den Morgen.
Leicht ist mein Sinn,
wie froh ich bin,
fernab von allen meinen Sorgen.
Gedanken sind
schnell wie der Wind
und Träume flüchtiger als Nebel.
Ich hol' sie vor,
brech' auf das Tor,
nehm' die Erinnerung zum Hebel.
Hab' ich's getan,
kommt purer Wahn,
den ich, weiß Gott, nicht sehen wollte
und stoß' zum Glück
ihn schnell zurück,
dorthin, wo er auch bleiben sollte.
Mein Traumgescheh'n
mag ich nicht seh'n,
mit wachem Geist an hellem Tage.
Ich fände dort
manch' dunklen Ort,
nach dem Woher käm' auf die Frage.

Der Traum ist schön,
wenn wir ihn seh'n,
und tief darinnen mit ihm träumen.
Doch wagt es nicht,
das Traumgesicht
zu pflücken von des Schlafes Bäumen.

Vergessen

Gott ist mein Zeuge,
ich hab' es versucht.
Ich wollte vergessen,
die Träume verflucht,
die mich quälten, mich riefen,
bei Tag wie bei Nacht,
die Seele und Herz
zum Brennen gebracht.

Nicht mehr sträuben, nicht wehren,
bin besiegt und muss geh'n.
Wohin wird mein Weg führen?
Hat der Wind mich geseh'n?
Wo ich war, muss ich fort,
kann nicht sein, wo ich bin,
Manche Tür ist verschlossen,
macht das alles noch Sinn?

Ich bitt' dich, Traum, bleibe,
und bist du auch fern,
so leuchten uns immer,
gleicher Mond, gleiche Stern.
Quält dann mich die Sehnsucht,
und reißt mich entzwei,
kann nichts mehr mich halten,
dann flieg' ich mich frei!

Träumerei

Träume fliegen ...

Wispergras an Sonnentagen,
Kuckucksruf und Finkenschlagen,
lieg' im weichen, grünen Moos
und schick' meine Träume los.
Schick' sie zu den Sahnewolken,
die der Himmel frisch gemolken,
und im Winde, sanft und lau,
treiben sie durch's helle Blau,
fliegen über satte Wiesen,
wo die Butterblumen sprießen
und wo manch' gefleckte Kuh
kaut in ihrer Mittagsruh'.
Gleiten über Fluss und Auen,
werden nimmer satt vom Schauen,
fliegen über's weite Land,
von den Bergen bis zum Strand.

... kommen wieder

Und ich lasse sie enteilen,
lass' sie nirgendwo verweilen,
lass' sie schauen, Stück für Stück,
und hol' schließlich sie zurück.
Lausche ihnen beim Erzählen,
wenn sie sich mit mir vermählen,
und trink' gierig jedes Bild,
das sich nach und nach enthüllt,
Spür' der Träume sanftes Beben,
denn sie wollen mehr erleben,
hör' voll Neid auf jedes Wort
und schick' sie auf's neue fort.

... werden Wünsche

Ach, könnt' ich mit ihnen fliegen,
einmal nur die Macht besiegen,
die auf dieser schönen Welt
mich so fest am Boden hält,
hoch und höher würd' ich steigen,
ließ mir alle Sterne zeigen,
würde kreisen, wenn ich kann,
auf der Erdenumlaufbahn.
Niemals altern und nicht sterben,
um die Gunst der Sonne werben,
eins zu sein mit Nacht und Licht,
etwas and'res wollt' ich nicht.

... bringen Fragen

Weit und weiter würd' ich fliegen,
würde Raum und Zeit verbiegen,
bis zur fernsten Galaxie,
und der Sternen Melodie
sollte meinen Weg begleiten.
Irgendwann, nach Ewigkeiten,
wenn am Mittelpunkt der Welt
ich die Reise eingestellt,
und der Anfang allen Lebens
vor mir liegt, und ich vergebens
nachgefragt nach dessen Sinn,
spür' ich, dass ich müde bin.

... suchen Antwort

Was das hungrig' Aug' gesehen,
kann das Herz oft nicht verstehen,
und für alle Zeit verging,
woran manche Frage hing.
In dem Drang, es zu erkennen,
drohte ich, am Licht zu brennen,
weil die Sehnsucht mich betrog
und mich immer weiterzog.

... und versinken

Müsst nun endlich Ruhe geben,
hier und heut' geschieht mein Leben!
Fliegt, ihr Träume, fliegt davon!
Was ich brauche, hab' ich schon.
Lasst mich hier, bei meinen Wäldern,
meinen Wiesen, meinen Feldern.
Lockt die Welt auch, bunt und weit,
bin zum Reisen nicht bereit.
Warum sollte ich nach fernen
Monden suchen, oder Sternen?
Jede Antwort, die gelingt,
doch nur neue Fragen bringt.
Jedes Sehnen, jedes Hoffen
lässt schon wieder Wünsche offen,
und in manchem, was gescheh'n,
wird so manches auch vergeh'n.

Ausbruch

So lass' mich geh'n, du falscher Zwang,
ich mag nicht mit dir handeln,
in dir war ich doch viel zu lang,
jetzt ist es Zeit zum Wandeln.
Im Wolkendunst, eiskalt und grau,
bin ich so schwer gefangen.
Du fehlst mir so, mein Himmelsblau,
wie muss ich um dich bangen!
Hol' mich zu dir, du freier Wind,
mit deinen rauen Schwingen,
wohin du wehst, folg' ich dir blind
und werde mit dir singen.

Flieg' Vogel Traum, und nimm mit hin,
mein Hoffen und mein Sehnen,
befreie mich und meinen Sinn
und schick' mir keine Tränen.

Im Nebel

Wie nasses Tuch liegt Nebel auf dem Land, schwer und satt. Kaukasenhündin Jana dreht den Kopf.
'Willst du wirklich da raus?', fragt mich ihr Blick.
Unlustig trabt sie los.

Die Sonne hat es nicht geschafft, ihre Strahlen bis zur Erde dringen zu lassen. Nun fallen dicke Tropfen von den feuchten Ästen. Hoffentlich wird es am Wochenende schön.

Nach wenigen Schritten hat uns der milchige Dunst aufgenommen. Wir können nur ein paar Meter weit sehen. Kein Laut unterbricht die unheimliche Stille. Voraus am Wegesrand winken vielarmige Riesen mit krummen Fingern, hocken bucklige Zwerge - verwandeln sich beim Näherkommen in Bäume und Büsche. Der Hund schnuppert kaum und schaut, dass er weiterkommt. Die Feuchtigkeit scheint alle Spuren und Gerüche zu überlagern. Ich schlage meinen Kragen hoch und lege auch einen Schritt zu. Mittlerweile sind wir durchnässt und haben keine Lust mehr.

Wir gehen unsere übliche Runde, jedoch will ich heute eine Abkürzung nehmen. Bei diesem Wetter muss der Spaziergang nicht unbedingt ausgedehnt werden. Hauptsache der Hund erledigt sein Geschäft ordentlich.

Im Moment hat sie jedoch nichts dergleichen im Sinn, schnüffelt lustlos an Grasbüscheln und Pferdeäpfeln und trottet den kleinen Hügel hinauf, ich hinterher. Es heißt hier höllisch aufpassen, um nicht in eines der glänzenden Andenken an Ausritte zu treten. Obwohl die Leute vom nahen Ponyhof die Gesetze kennen und ganz genau wissen, dass sie im Wald nichts zu suchen haben, führen sie ihre

Tiere immer wieder hier entlang. Oft werden schmale Wildpfade beritten, wo ein Ausweichen unmöglich ist. Als haben die Pferde nur darauf gewartet, lassen sie grundsätzlich an solch engen Stellen ihre Semmeln fallen. Wir haben unsere liebe Not, unbeschadet darüber hinwegzubalancieren. Leider sind es nicht nur Pferdeäpfel, die von den Ausritten der Freizeitcowboys zeugen. Auf dem weichen Waldboden drücken sich die Hufe tief ein und reißen mit ihren scharfen Kanten ganze Büschel aus dem Moos. Das sind nun Dinge, die ich gar nicht lustig finde. Hoffentlich nimmt es nicht überhand. Ich lege schon ab und zu dicke Äste und Gestrüpp auf den Weg, um die Reiter zu bewegen, nicht mehr hier entlang zu traben. Viel Sinn hat es allerdings nicht. Meine Barrikaden sind immer kurze Zeit später wieder weggeräumt. Wahrscheinlich von Mopedfahrern, die den Wald als Tummelplatz entdeckt haben.

Heute sind zum Glück weder Mopedfahrer noch Reiter unterwegs. Nur mein Hund und ich laufen auf dem Weg dahin.

Der Nebel ist dichter geworden. Ich kann kaum die Hand vor Augen sehen, geschweige ein paar Meter voraus. Wir sollten längst den Abzweig erreicht haben. So lang ist der Trampelpfad eigentlich nicht. Immerhin sind wir schon fast eine Stunde unterwegs. Ich freue mich auf einen schönen Kaffee und leckeren Streuselkuchen. Die Feuchtigkeit ist mir unter die Sachen bis auf meine Haut gekrochen. Ich will nach Hause.

Ganz genau weiß ich Moment nicht, wo ich bin. Der Nebel ist so dicht, dass ich ihn fast greifen kann. Bei jedem Schritt entstehen kleine Wirbel am Boden. So etwas habe ich noch nicht gesehen. Meine Hündin weicht mir nicht von der Seite. Ihr scheint der Weg nicht sonderlich zu gefallen. Mir auch nicht.

Vorn wird es heller. Endlich kommen wir aus dem Wald. Unwillkürlich beschleunige ich meinen Schritt und stolpere prompt in ein Erdloch. Nur nicht hinfallen. Das hätte noch gefehlt. Ich versuche, auf den Weg zu achten und lasse dabei den hellen Fleck vor mir nicht aus den Augen. Wenn wir den Feldweg erreicht haben, können wir schneller gehen und sind bald daheim. Hoffentlich haben wir uns nicht verlaufen und sind schon kurz vor dem nächsten Ort! Dann wäre es über eine Stunde bis nach Hause!

Nein. Wenn wir wirklich in Schenkenberg anlangen sollten, gehe ich erst einmal ins Wirtshaus. Von dort rufe ich meine Frau an, damit sie sich keine Sorgen macht. Dann werde ich mich aufwärmen und etwas essen. Mein Magen knurrt schon eine ganze Weile sehr unwillig. Für Jana findet sich auch ein Happen. Anschließend habe ich Zeit zu überlegen, wie es weitergehen soll. Satt und zufrieden sieht die Welt ganz anders aus. Wenn diese Milchsuppe sich nicht verzieht, kann ich vielleicht im Wirtshaus übernachten. Die Zimmer sind bestimmt nicht alle belegt. Morgen ist Samstag. Wir haben frei. Was soll also passieren?

Auf keinen Fall werde ich mich zu irgendjemand ins Auto setzen. Lieber gebe ich die paar Mark für eine Übernachtung aus.

Ein Versuch, von Schenkenberg nach Hause zu laufen, wäre selbstmörderisch. Wir kämen in die Dunkelheit und würden garantiert im Moor landen. Morgen ist die Welt sicherlich wieder durchschaubar.

Mir fällt ein, dass ich kein Geld bei mir trage. Macht nichts. Der Wirt kennt uns, wir sind sozusagen Stammkunden. Da habe ich bestimmt Kredit. Jemand zum Unterhalten wird sich auch finden.

Aber erst einmal muss ich aus diesem blöden Wald und dem verdammten Nebel raus.

Der helle Fleck in der weißen Wand vor mir wird langsam größer. Doch was ist das? Aufmerksam lauschend bleibe ich stehen.

Eben war mir, als hörte ich Stimmen. Aber der Nebel schluckt jedes Geräusch. Die Stille ist fast greifbar. Selbst meine Schritte klingen dumpf, wie aus weiter Ferne. Ich laufe weiter, bleibe jedoch nach ein paar Metern wieder stehen.

Diesmal kann ich leise Musik vernehmen. Ganz weit weg und doch sehr deutlich. Eine vertraute Melodie. Wie hieß sie doch gleich? Ich bleibe stehen und durchsuche ergebnislos jeden Winkel meines Gedächtnisses. Wenn ich nur wüsste, woran mich das Lied erinnert. Das ist wie ein Name, der einem nicht in den Sinn kommt, wenn wir eine bekannte Person treffen. Man spürt genau, im nächsten Augenblick fällt es einem ein und weiß es doch nicht. Genauso geht es mir mit dieser Melodie, die mein Herz berührt und die Seele zum Klingen bringt.

Jedoch ist erst einmal wichtig, dass ich schon nahe an Schenkenberg bin. In einem der Häuser am Ortsrand scheint jemand Disco zu machen. Das ist gut. So kann ich die Richtung nicht verlieren.

Der schmale Pfad ist kaum noch zu erkennen. Eigentlich ist überhaupt kein Weg mehr da. Ich muss eingestehen, dass mich mein Orientierungssinn heute im Stich gelassen hat.

Plötzlich wird mein Schritt gebremst. Etwas scheint mich aufhalten zu wollen, wie ein riesiges Spinnennetz, das nicht zerreißen will. Noch bevor ich mir darüber Gedanken machen kann, hat sich der Widerstand aufgelöst. Ich stolpere auf die große, schneebedeckte Lichtung vor mir.

Der Nebel ist fort. Ungläubig schaue ich auf ein weites, weißes Feld. Millionen Eiskristalle funkeln wie Diamanten im hellen Sonnenlicht. Jana sitzt an meiner Seite und sieht zu mir hoch. Irrlichter tanzen auf ihren großen, braunen Pupillen. Sie wirkt heiter, fast fröhlich, wenn man das bei einem Hund sagen kann.

Die Sonnenstrahlen erzeugen auf meiner Haut ein wohliges Kribbeln. Tief in mir beginnt etwas zu wachsen, wird größer und drängt nach oben. Ich schaue ins Licht, und ein heller Schrei bricht aus mir heraus, schwingt sich hoch und kommt als Echo wieder und wieder zurück. Zugleich mit dem Hall meiner Stimme überkommt mich solch' ein Frieden, solch' eine Ruhe, wie ich es noch nie zuvor gefühlt habe und ich weiß, ich bin am Ziel. Nichts kann mich verletzen. Das Böse hat keine Macht. Hier ist alles rein.

Die uns umgebende Helligkeit ist wunderbar. Sie streichelt mich warm und weich wie Engelsflügel.

Wir treten auf die verschneite Wiese. Überall haben kleine rote und blaue Blüten den Kampf gegen die Schneedecke gewonnen. Sie wirken wie Farbtupfer auf frischgewaschenem Leinentuch.

Ich denke an meine Großmutter, wie sie lachend die Wäsche auf den Wiesen hinter unserem Haus zum Bleichen auslegte und sehe sie vor mir. Jedes Fältchen im Gesicht kann ich erkennen. Sie winkt mir zu. Ich rufe einen Gruß hinüber und gehe weiter. Jana bleibt stehen und zieht ihre Ohren hoch. Ihr schönstes „Na da ist doch jemand den ich kenne" Gesicht hat sie aufgesetzt. Dann saust sie los, wie ein Pfeil. Ich wundere mich immer wieder, wie dieser gemütliche Hund so blitzschnell sein kann. Sie rennt, springt, rollt sich im Schnee. Ihre Spiellaune scheint grenzenlos. Es sieht aus, als würde sie ein ganzes Rudel anderer Hunde begrüßen und mit ihnen herumtollen. Doch kann ich nur meinen Hund sehen. Ich freue mich an diesem wunderbaren Bild. Dieses große Tier mit seiner Wildheit und Kraft, das mir kleinem Menschen Vertrauen und Liebe schenkt. Mein Herz läuft über von all der Wärme, die in mir ist. Ich spüre das große Glück meines Lebens. Ein Glück, das mir sonst nicht bewusst wird, weil es alltäglich ist.

Ich sehe all die lieben Menschen aus meinem Leben. Jeder, der einmal für mich da war, mir seine Liebe und sein Vertrauen geschenkt hat. Sie alle sind auf dieser schneebedeckten Blumenwiese und winken mir zu. Jeder hat Zeit für einen freundlichen Gruß voller Liebe an mich. Ich nehme dieses Bild in mich auf und genieße mein Gefühl in vollen Zügen. Tränen stehen in meinen Augen. Ich versuche nicht, sie zurückzuhalten.

Jana kommt zu mir, setzt sich an meine Seite und schaut erwartungsvoll hoch. Sie bellt kurz und stupst mich mit ihrer dicken Schnauze. Ich beuge mich zu ihr hinunter und umarme die Hündin. Sie lässt es sich gefallen, und die Zeit hält den Atem an. Heilige Stille liegt über der Schneedecke. Alle Blumen neigen ihre Köpfe, um uns besser hören und sehen zu können. Die helle Luft umschmeichelt uns wie warmes, weiches Wasser. Beim Atmen spüre ich die Kraft des Lebens durch meine Adern fließen.

Janas Fell ist aufgewärmt, weich und dick wie ein Teppich. Ihre Nüstern pusten kurze Atemstöße in meine Ohrmuschel. Unsere Herzen schlagen im Gleichklang.
„Ich liebe Dich", flüstere ich heiser und zärtlich in ihr Ohr. Der Augenblick dehnt sich zur Unendlichkeit.

Dann springt Jana plötzlich auf. Ich falle mit dem Gesicht in den Schnee. Beim Aufschauen steht sie da und lacht mir zu.

Ich renne fröhlich hinter ihr her, hinein in den Nebel und finde mich auf bekannten Wegen. Ja, hier geht es nach Schenkenberg! Jana trottet neben mir her, wie ich sie kenne.

Im Wirtshaus werden wir mit lautem Hallo begrüßt. Es gibt eine große Schüssel Semmelknödel, dazu Kassler mit Sauerkraut und ein gutes Bier. Für Jana einen Napf Wasser und einen dicken Knochen aus der Küche. Wir beide genießen dieses Festmahl.

Nach dem Essen geht mir unser Erlebnis wieder durch den Kopf. Die anderen Gäste haben sich zurückgezogen und lassen uns in Ruhe. Sicher spüren sie, dass ich mit meinen Gedanken allein sein will.

Etwas ist zurückgeblieben in mir.
Die Freude und Gelassenheit, das Wissen, niemals allein zu sein. Ich denke an die Frau, die zu Hause auf mich wartet und meinen Jungen, der mich mit Stolz erfüllt. Mir wird warm ums Herz.

Später gehe ich zu Bett und falle in einen tiefen, erholsamen Schlaf, in die Wärme von Engelsflügeln.

Kurz vor dem Einschlafen fällt mir das Merkwürdigste bei dem ganzen Erlebnis wieder ein. Etwas, das ich wohl gar nicht wahrhaben wollte. Bei unserer Umarmung war mir für einen Moment, als hätte Jana leise geflüstert:

„Ich liebe Dich auch."

Aber das kann nicht sein, denn Hunde reden nicht.

Vieles geschieht,
ob wir es nun wollen oder nicht.
Alles verändert sich,
alles fließt
und nichts wird so sein
wie es einmal war.

Traumschloss

Bau ein Schloss aus all meinen Träumen,
aus Wolken und aus Fantasie,
bau's auf unter uralten Bäumen
und frage des Wind's Melodie.

Der Götter Blick macht wie im Märchen,
Ideen und Gedanken mir frei.
Sie schauen auf liebende Pärchen,
und alles ist so wie im Mai.

Im Schloss brennen tausende Kerzen
und klinget, was wir nie gehört.
Drin wohnen zwei liebende Herzen,
hab' acht, dass sie keiner hier stört.

So nimm meine Hand, und wir schleichen
uns heimlich in's Schlosse hinein,
und wenn wir die Herzen erreichen,
dann werden es unsere sein.

Im Schlosse sind hunderte Zimmer,
und jedes birgt vor fremdem Blick
Gefühle, Gedanken, die immer
bestimmend für unser Geschick.

Tief unter der Farbe und Tünche,
ist Hoffen und Sehnen im Stein
und tausend gefangene Wünsche,
die warten, dass wir sie befrei'n.

Ich bin bei dir

Ich bin bei dir, mein schönes Kind,
wenn du mich rufst, komm ich geschwind.
Bin immer da, wenn du mich brauchst
und halt' dich, wenn du untertauchst.
Bin Vater, Bruder und auch Freund,
bin der, der mit dir lacht und weint,
bin der, der immer bei dir ist
und dich in deinen Träumen küsst,
der, wenn du schläfst in dunkler Nacht,
wohl über deine Seele wacht.
Bin stets bei dir und hab' dich gern
und nehm' dich mit zu meinem Stern,
entführe dich auf Traumes Schwingen
und will dich auch nicht wiederbringen.

Worte verklingen, Schritte verhallen,
Bilder verblassen,
Träume entweichen dem Sinn
wie feiner Sand zwischen den Fingern
unserer Hand zu Boden rinnt.
Er hinterlässt eine Ahnung dessen,
was man eben noch hatte.

Tief in dir

Du spürst in deiner Seele ein Stück, dass dir gehört
und magst es doch nicht leiden, weil es dein Leben stört.
Dein Lieben und dein Hoffen, und wo du immer bist,
suchst du, es zu vertreiben, obwohl's unmöglich ist.
Willst nie es kennenlernen und fragst doch: „Wer bist du?"
Hoffst dann, es möge schweigen und hörst begierig zu.

„Bin Sternenstaub am Morgen, Erinnerung der Nacht,
bei Tag ein schwacher Schatten in unsichtbarer Pracht.
Bin nie so recht willkommen und doch herbeigedacht.
So einmal ich erschienen, vertreibt mich keine Macht.
Bin der, den du gerufen, den lange du schon kennst
und nachts in deinen Träumen heimlich beim Namen
nennst.
Bin der, der dich entführet, ins Reich der Fantasie,
hinauf auf schwarzen Schwingen zur Sehnsuchtsmelodie."

„Bin Vater nicht und Bruder, nicht Enkel und nicht Sohn,
bin nichts und bin doch alles und warte auf dich schon.
Bin der, der dir begegnet, am Weg zur Ewigkeit,
den du erschaudernd leidest, geführt von Raum und Zeit.
Ich bin der Fürst des Dunkel und doch dein eigen Ich,
wohin du auch geflohen, bin da und finde dich."

So tief im Traum

Wenn meine Träume in der Nacht
auf ihre Reise geh'n,
enteilen sie ganz leis' und sacht,
und niemand kann sie seh'n.

Kann keinen halten, keiner bleibt,
und keiner kommt zurück,
jedoch in die Erinn'rung schreibt
sich mancher Augenblick.

Bisweilen wünsche ich mir dann,
dass da keine Ende sei,
und ewiglich ich schlafen kann.
Die Träume sind so frei.

Erwachen

Letzter Traum flieht aus dem Zimmer,
wirft mit Schwung die Türe zu,
wenn des Tages erster Schimmer
Boten schickt in uns're Ruh'.

Kurzes Greifen nach dem Traume,
dessen Hall im Licht verweht,
ruht im Schatten hinter'm Baume,
der im Land der Sehnsucht steht.

Wenn im zarten, sanften Gleiten
neuer Morgen uns begrüßt,
wird mit Kraft zu frischem Streiten
das Erwachen uns versüßt.

Süßer Traum

Die Nacht stirbt mit dem Morgen,
weht alle Träume fort.
Sogleich erwachen Sorgen
und kommen mit an Bord.

Des Schlafes süße Wonnen
entschwinden aus dem Nest.
Sobald der Tag begonnen,
hält mich die Wahrheit fest.

Ganz ohne schwere Bürden
ist so ein Traumgesicht.
Des Lebens steile Hürden
behindern mich hier nicht.

Ach, wärest du geblieben,
im Traum noch eine Weil',
so könnt' ich von dir lieben
noch manches Körperteil.

Zwar hält der Tag mir offen,
die Augen mit Bedacht,
doch lässt er mich erhoffen,
die nächste Zaubernacht.

So frei mit dir

Den Horizont nicht sehend,
weil's für ihn keinen gibt,
befragt der Wind uns flehend,
ob wir ihn stets geliebt.

Voll Glück, weil wir's ihm sagen,
trägt er uns meilenweit,
und ruft dann neue Fragen
in die Unendlichkeit.

Wir hör'n ihn nicht und fliegen
jetzt ohne ihn weit fort,
woll'n keine Worte wiegen
und suchen keinen Ort.

Frei schweben, Kreise ziehen,
mit dir im Himmelsblau,
dabei der Zeit entfliehen,
gespeist vom Morgentau.

Mehr kann ich nicht begehren,
fast ist's ein Hauch zuviel.
Nie will ich mich verwehren
der freien Träume Spiel.

Traumdiebe

Tief im Land der Märchenbäume,
Reich der Zaubermelodie,
wachsen alle uns're Träume
auf dem Feld der Fantasie.
Jeder Traum den Träumer findet,
manchmal sind es sogar zwei,
deren Herz sich kurz verbindet,
dass es nur noch eines sei.

Wachen Elfen auch mit Liebe,
dass den Träumen nichts geschieht,
kann es sein, dass Gnomendiebe
grade dann, wenn's keiner sieht,
Träume stehlen, und fast immer
hörst du ihren letzten Schrei,
denn im ersten Morgenschimmer
ist auch deiner mit dabei.

Am Fenster

Aus ihrem Fenster, voller Sehnen,
schaut sie zum blauen Himmel hin,
verliert sich in den schönsten Träumen
und denkt doch wieder nur an ihn.

Er zog im Morgenrot von dannen,
wollt' über's Jahr zu Hause sein,
das Schicksal rief ihn weit und weiter
und ließ sie hier zurück, allein.
Das Jahr verging, ein zweites folgte,
und immer schrieb er: „Lieb' nur dich.",
doch jeder Brief aus fernen Landen,
traf sie in's Herze, wie ein Stich.
Bis schließlich dann die schlimme Kunde:
Versunken Schiff, mit Maus und Mann.
Nun wusst' sie, er kommt niemals wieder
und glaubt' doch weiter fest daran.

Mit jedem Schiff, das seine Segel
erkennen lässt am Horizont,
erwartet sie sein frohes Lachen,
wie er es früher oft gekonnt.
So kommen Sommer, gehen Winter,
und immer noch hat sie ihn lieb,
kann jetzt sein Bild nicht mehr erkennen,
nur die Erinnerung ihr blieb.

Wenn auch die Schiffe endlos fahren,
so bringt doch keines ihn zurück,
und in den Scherben ihrer Träume
sucht sie nach dem verlor'nen Glück.

Rück - Sicht

Ich leb', solang ich träumen kann,
von der Erinnerung,
fang' in Gedanken nochmal an
und bin noch einmal jung.

Ich sag' ganz leis' das Zauberwort
und fliege schnell davon,
flieg' hin, zu dem geheimen Ort,
an dem du wartest schon.

Dann hält die Zeit den Atem an
und gibt mir jeden Raum.
Ich leb', solang ich träumen kann,
mein Leben ist ein Traum.

Traumliebe

Zeig' dich mir und zeig' dich ganz,
zeig' dich mir im Sternenglanz,
lass' nicht zu, dass sich dein Bild
mit dem Licht vor mir verhüllt.

Hast bislang fast jede Nacht
tief in meinem Arm verbracht,
doch das kalte Morgenlicht
nahm mir wieder dein Gesicht.

Und so hasse ich den Tag,
weil ich nicht mehr wachsein mag,
suche Schlaf und Traum für mich,
denn im Traum da lieb' ich dich.

Während ich mich verzweifelt mühe,
die Bilder der Nacht festzuhalten,
zurückzuholen, ist der letzte Zipfel
meines Traumes längst aus dem Raum geflohen
und hat hinter sich die Tür zugeschlagen.

Einsamkeit

Es wär' so schön gewesen,
mit dir den Tag zu seh'n
und in der Mittagsonne
durch Wald und Feld zu geh'n.

Doch ist der Tag im Wachen
nur graue Nebelwelt
und sucht umsonst dein Lachen,
wenn kalter Regen fällt.

Es wär' so schön gewesen,
den Duft der Pfirsichhaut
von deinem Körper atmen,
als wär' er frisch getaut.

Doch ist der Tau aus Tränen
der Einsamkeit gemacht,
aus Hoffen und aus Sehnen
und aus der letzten Nacht.

Es wär' so schön gewesen,
mit dir die Nacht zu spür'n
und dich auf Engelsflügeln
ins Zauberreich entführ'n.

Doch sind die Engel müde
und ihre Flügel leer.
Wir schweigen nur noch prüde
und träumen auch nicht mehr.

Mein Leben ist Angst

Mein Leben ist Angst, mit ihr schlaf' ich ein,
sie lässt selbst im Traum mich nicht mehr allein.
Angst vor dem Morgen und Angst vor der Nacht,
Angst vor dem Tag, der soeben erwacht,
Angst vor dem Hass, der mich brennend umgibt,
Angst vor dem Kind, das mich immer noch liebt,
Angst vor dem Mann, der nicht weiß, was er tut
und vor mir selbst, dem erwachenden Mut,
Angst vor dem Schatten und Angst vor dem Licht,
Angst vor dem Sterben, nein die hab' ich nicht.
Hab' Angst vor dem Lied, das tief in mir singt,
hör' es verzweifelt, je lauter es klingt.
Singt Frieden und Glück und niemals mehr Streit,
bedrängt und beschwört und ruft mich befreit.
Noch hör' ich mir's an und kann widersteh'n,
weiß doch genau, irgendwann werd' ich geh'n.
Verzweiflung und Angst, die nehme ich mit,
mein Kind, meine Liebe - ist nur ein Schritt.

„Geh' mal in den Keller und hol' ein Glas Eingemachtes hoch!"

Diese Worte, von meiner Mutter am Sonntag kurz vor der Mittagsmahlzeit ausgesprochen, riefen bei mir größtes Entsetzen hervor. Da half keine dringende Notdurft, keine vorgeschobenen Hausaufgaben - ich musste gehen. Den grauen Hohlschlüssel für das alte Vorhängeschloss vom Haken nehmend, ergab ich mich meinem Schicksal.

Nun war es so weit.

Dieses Mal würde ich sicher nicht wiederkommen, weil das grausige ETWAS, das unten im Keller lauerte, mich ganz bestimmt erwischte. Sich selbst anklagend würde meine Mutter später heiße Tränen weinen und immer wieder sagen: „Ach, hätten wir ihn doch nie in den Keller geschickt." Aber dann wäre es unwiderruflich zu spät.

Mit solch düsteren Gedanken beschäftigt, tappten meine Beine, mit jeder Stufe langsamer werdend, vom zweiten Stock ins Erdgeschoss des noch vor der Wende zum zwanzigsten Jahrhundert erbauten Mietshauses.

Durch ein schmales, über dem Hoftor angebrachtes Fenster fiel spärliches Tageslicht auf den ewig staubigen Steinfußboden des Durchganges von der Straße zum Hof.

Da war sie, die Kellertür!

Mein Herz rutschte tief in die Hosen.

Die halbverrostete, kalte, eiserne Klinke schien sich tief in meine Hand zu brennen. Ich musste kräftig ziehen, die Tür klemmte. Schließlich schwang sie auf, modriger Kellergeruch schlug mir entgegen. Mein Herz klopfte schneller. Um nichts in der Welt wollte ich die ausgetretenen, schmutzigen Steinstufen hinuntersteigen. Allein, sollte ich etwa meinen Eltern und meiner älteren Schwester gegenüber zugeben, dass ich Angst hatte.

Niemals!

Meine Schwester hätte dafür gesorgt, dass meine Freunde umgehend von dieser Tatsache erfahren würden, was einem sozialen Selbstmord gleichgekommen wäre. Undenkbar! Also galt es, die Angst zu überwinden.

Eine von Fliegendreck und Spinnweben verkrustete Glühlampe von höchsten vierzig Watt Leuchtstärke, der Hauswirt hielt jeden Mieter zum Sparen an und spielte dabei selbst den Vorreiter, beleuchtete dürftig den Abstieg in die Unterwelt. Das Ende der Treppe, die in einem schmalen Podest mündete, welches, wie die Treppe selbst, aus roten Backsteinen bestand, versuchte eine zweite Lampe zu erhellen, und am Ende des Kellerganges schaukelte eine dritte an einem Draht von der Decke herab. War die Treppe gerade soweit ausgeleuchtet, dass man Stufen erkennen konnte, so lag der Gang selbst, den ich durchschreiten musste weit hinten in undurchdringlichem Dunkel. Die Lampe am anderen Ende blinkte als winziger Lichtpunkt durch die Finsternis. Ich stand auf dem Podest und spielte mit dem Gedanken zurückzugehen und mein Leben unter dem Vorwand, das Schloss ließe sich nicht öffnen, die Kellertreppe wäre eingestürzt, alle Lampen wären kaputt, zu retten. Jedoch schienen mir alle Ausreden leicht durchschaubar. Mit einem innerlichen Seufzer und bleischweren Füßen trat ich schließlich in das Reich der Schatten, nicht ohne zuvor jeden Zentimeter Decke, Wand und Boden minutenlang mit durchdringenden Blicken abgesucht zu haben. Nichts deutete darauf hin, dass, sobald ich mich einen Meter in den finsteren Kellergang hineinbewegt hatte, mich ETWAS unbarmherzig zu sich hinunter- oder hineinreißen würde, wohin immer das auch sein mochte. Aber dass es so kommen musste, war absolut sicher. Ich lief los. Schattenarme krochen, immer schneller werdend, aus den Lattenverschlägen rechts und links des Ganges auf mich zu. Sie würden mich erreicht haben, bevor ich die Tür zu unserem Keller aufschließen und die helle, saubere fünfundsiebzig Watt Glühlampe gleich links neben der Tür anknipsen konnte.

Nun, das Dunkel hat mich nicht verschlungen, das furchtbare ETWAS mich nie erwischt. Immer bin ich heil, doch mit schlotternden Knien wieder in unsere Wohnung gelangt. Gleichwohl war ich überzeugt, dass ES beim nächsten Mal garantiert über mich herfallen würde. Ich bewundere noch heute meinen Mut, wenn ich daran denke, wie ich unter Aufbietung aller Willenskräfte und in sicherer Gewissheit, die nächsten Minuten nicht zu überleben, es fertigbrachte, immer wieder diesen furchterregenden, dunklen Gang zu durchschreiten, um, was auch immer, aus einem unserer Keller zu holen.
Das waren meine ersten Erfahrungen mit der Angst, die ich als Achtjähriger machen musste. Dann war da noch die Angst, allein im finsteren Zimmer im Bettchen zu liegen in der Gewissheit, unterm Bett oder in der dunklen Ecke hinterm Schrank lauere ETWAS, das mich kriegen würde, sobald ich eingeschlafen war. Weitere Ängste kamen hinzu, wenn das Kind durch dunkle Straßen vom Spielen nach Hause ging, weil es die Zeit verpasst hatte. In diesem Fall war gleich eine zweite Angst zu überwinden, die vor der Strafe, weil man zu spät kam.

Im Laufe des Lebens wandeln sich die Ängste.
Eine schlechte Zensur auf dem Zeugnis, das erste Treffen mit der ersten Freundin, die Prüfung, der Militärdienst, die Fahrschule, Arbeitsaufgaben, Termine und so weiter.

Immer ist es die Angst, etwas nicht oder nicht gut zu erledigen oder die Angst vor etwas Ungewissem, wie die Angst vorm Zahnarzt. Wird er bohren oder nicht? Wenn er bohrt, wird es weh tun? Sicher tut es weh. Schon ist die Angst wieder da.

Was für eine Art Angst es auch immer sein mag, wichtig ist, sich ihr zu stellen und sie überwinden. Dabei ist die Angst selbst ein wichtiger Bestandteil unseres Lebens. Wer keine Angst hat, wird nicht überleben. Wer die Gefahr nicht kennt, kann ihr nicht begegnen. Der Krieger, der keine Angst hat zu sterben, weil er glaubt, er sei unverwundbar, wird leichtsinnig und eben darum sterben. Wer keine Angst hat, kann sie auch nicht überwinden. Wer glaubt, alles zu können und zu wissen, wird scheitern. Nur die Angst macht uns überlebensfähig.

Vieles vermögen wir zu tun, wenn wir uns der Angst stellen, wie eben als kleiner Junge in den Keller zu gehen. Manchmal kann man die Angst verkleinern oder ganz verschwinden lassen, wenn wir Unbekanntes ergründen, Antworten erhalten.

Manchmal jedoch, lässt sich die Angst nicht verdrängen. Bei einer schweren, unheilbaren Krankheit, bei immer wiederkehrenden Schmerzen, beim nahen Tod. Aber auch damit kann, muss man leben lernen, sonst ist es kein Leben mehr.
Angst ist gut - Angst vor der Angst nicht.

Gib nicht auf !

(für Sabine)

Und als ich heute morgen
in meinen Spiegel sah,
las ich in meinen Augen:
„Der Feind ist wieder da!"

Ich wusste es schon lange
und hab's doch nicht geseh'n,
er war nie überwunden,
nur kurze Zeit am Geh'n.

Der Feind in meinem Körper
schlägt zu mit neuer Kraft,
wie konnte ich nur glauben,
der Kampf sei schon geschafft.

Der wird jetzt erst beginnen
und endet hoffentlich
mit seiner Niederlage
und einem Sieg für mich.

Der Feind in mir

(für Sabine)

Manchmal ergreift mich ein Gefühl,
das ich dir nicht beschreiben kann,
Gedanken werden leis' und kühl
und fallen meine Seele an.

Tief drinnen ist, was ich nicht will,
hat mit dem Bösen sich vereint
und spielt ein widerliches Spiel,
ist Teil von mir und doch mein Feind.

Es schmiedet Ketten um mein Herz,
verschließt das Tor zum eignen Sein
und weidet sich an meinem Schmerz,
viel Zeit bleibt nicht, mich zu befrei'n.

Ich reiß' es von mir, werf' es fort,
hoff' nur, es holt mich nie mehr ein,
selbst meine Seele flieht den Ort,
von fern ist es so schwach und klein.

Ohnmacht, bleib' weg aus meinem Leben,
nach Wut und Streit mich nie verlangt,
nur Zeit kann endlich Frieden geben
und Jahre, die mit mir gebangt.

Stummer Schrei
(für Eva)

Niemand nimmt dich in den Arm,
wenn die Tränen fließen.
Keiner hält die Seele warm,
und die Dornen sprießen.

Niemand steht dir heute bei,
lässt sich mit dir sehen.
Keiner hört den stummen Schrei,
wird im Wind verwehen.

Niemand spürt, wie du dich quälst,
macht sich wirklich Sorgen.
Keiner sieht, wenn du heut' fehlst,
merkt es nicht mal morgen.

Niemand liebt dein ganzes Ich
und will bei dir bleiben.
Keiner wartet je auf dich,
lässt sich mit dir treiben.

Niemand gibt dir etwas Glück
und will um dich werben,
hält dich nicht davor zurück,
einfach so zu sterben.

Vaterliebe !

„Oh Papa, mein Papa, bitte tu's nicht!"
Und wieder ist Angst auf ihrem Gesicht.
Angst vor dem Vater, der wankend hier steht
und Ekel vor dem, was rüber jetzt weht.
Es kommt zu der Gier noch sauer sein Schweiß.
„Oh Papa, tu's nicht!" Sie bittet's ganz leis'.

Da ist er bei ihr und hat's nicht gehört
und wenn schon, was macht's,
es hätt' nicht gestört.

So zwingt er und nimmt sie, tut ihr so weh.
„Gott geb', dass uns beide keiner hier seh'!"
Sie liegt neben sich und spürt keinen Schmerz,
weiß nur ganz genau, er tötet ihr Herz.
Das kann nie mehr lieben, wird nie versteh'n,
auch nicht die Mutter, die hat es geseh'n.
Sah ihre Augen und wandte sich ab.
„Ich wünsch' mir nur ein's
ich wünsch' mir mein Grab."

So weint sie jetzt leis' und möchte doch schrei'n
und ist einmal mehr mit sich so allein.

Was ist schon Wahrheit?

Du traust, die Lüge nicht zu lassen,
kannst im Geheimen ihn nur hassen
und weißt genau, machst du es breit,
zerbricht dein Herz für alle Zeit.
Vor Schmerz, Verzweiflung, fast verzagen,
kannst du die Wahrheit keinem sagen,
sitzt auf dem Boden, zitterst, bangst,
und immer wieder greift die Angst
nach deinem Herz und schnürt es ein.
Du wagst dich nicht einmal zu schrei'n,
wenn Schläge auf dich niederfallen
und Hände sich in Haare krallen.
Hast nicht die Kraft, dich selbst zu schützen,
vor seinen Worten, seinen Witzen,
vor seiner hässlichen Gewalt.
„Oh Gott, erbarm' dich, mir ist kalt!
Hilf' meinen Kindern, deren Augen
zu jung, dass sie zum Weinen taugen,
zum Weinen um des Mannes Wut
und um der Mutter letzten Mut.
Hilf' mir, mein Gott, mich zu befrei'n
und lass es bald zu Ende sein!"

Der Heimweg

Der Wanderer steht hoch am Himmel,
und leuchtet in das Sterngetümmel,
zeigt ein gar hell Gefunkel.
Mein Weg führt mich auf engen Pfaden,
und wie in gräulichen Balladen,
umfängt mich Waldesdunkel.

Vereinzelt scheint der Mond noch hell
durch Baumeslücken, jedoch schnell,
sich diese gänzlich schließen.
Es muss halt sein, der Weg ist lang,
und nichts ist da, vor dem mir bang.
Was soll mich da verdrießen?

Laut pfeifend drück' ich voller Mut,
tief in die Stirne meinen Hut
und geh mit festem Schritt.
Doch ist mir so, als tappen Schuhe
und bringen mich aus meiner Ruhe.
Geht jemand mit mir mit?

Mich umzudrehen, wag ich nicht,
wer weiß, welch' fürchterlich' Gesicht,
ich dann voll Graus erblicke.
Schon spür' ich Angst in meinem Bauch,
und wie ein warmer, feuchter Hauch,
streift es mich im Genicke.

Doch schien's nur so, denn weit und breit
ist keiner hier zu dieser Zeit,
auch ich wär' gern weit fort.
Mag sein, dass bald, um Mitternacht,
manch' Wesen aus dem Schlaf erwacht
und ist mal hier, mal dort.

Hockt nicht da vorn am Wegesrand,
mit einem Knüppel in der Hand,
ein Strolch an nächster Ecke?
Beim Näherkommen, welch ein Glück,
erweist es sich als nur ein Stück
der dichten Brombeerhecke.

Doch drüben auf der and'ren Seite
winkt schon ein Zwerg wie zum Geleite,
mit seinem kurzen Arm.
Soll ich jetzt wirklich weiter laufen?
Will lieber kurze Zeit verschnaufen,
es ist mir jetzt so warm.

Mein Schritt wird schnell, ich eil' davon,
von fern ein singend heller Ton,
scheint klagend mich zu suchen.
In dieser Richtung liegt das Moor,
oh Gott, was bin ich für ein Thor.
Wer mag mich hier verfluchen?

Ein jeder weiß doch, was geschieht,
wenn heller Mond den Wandrer sieht,
zu mitternachtens Stund'.
Es fährt von unten, weit und tief,
selbst wenn er hundert Jahre schlief,
der schwarze Höllenhund.

Nichts hält mich mehr und rasend schnell,
flieh ich von der verwunsch'nen Stell'.
Dein Rufen ist vergebens.
Da packt mich eine kalte Hand
und wirft mich in den harten Sand,
bedroht mich meines Lebens.

Mein Herz steht still, und auch mein Schrei
ist nicht zu hör'n, jetzt ist's vorbei.
Ich liege steif und stumm.
Erwarte schaudernd, voller Beben,
dass ich verlier mein junges Leben
und dreh' mich langsam um.

Statt jener Hand, die mich gehalten,
ist's eine nur von vielen Spalten,
und Geister sich nicht zeigen.
Hoch über mir die Bäume rauschen,
und mag auch noch so lang ich lauschen,
hör nur ein großes Schweigen.

Nun aber los, und auch schon bald
wird licht der finstre Zauberwald,
dem Ziele schon ganz nah.
Wie konnt' ein Hasenfuß ich sein,
denk' ich im hellen Mondenschein.
Es war doch niemand da.

Der Zwerg war nur ein dicker Strauch,
manch' andere Gestalt ist auch
nur meinem Kopf entsprungen.
Schon seh' ich warmes, helles Licht,
dass tröstend durch die Bäume bricht,
fast hätt' ich laut gesungen.

Schwarze Rose

Schwarze Rose des Vergessens blüht in sternenloser Nacht,
und der Wand'rer, der sie findet, ringt mit ihrer dunk'len
Macht.

Wird gefangen, wird gefesselt, willenlos in Geist und Sinn,
und zu dem, was da geboren, zieht es gnadenlos ihn hin.

Kann nicht fliehen jener Fänge, offen winkt das kalte Grab,
sucht im letzten Augenblicke seines Heilands Hirtenstab.

G'rad gedacht, schon ist's vergessen, flüchtig ward das
heil'ge Wort.
Alles scheint sich abzuwenden, grauenvoll ist dieser Ort.

Doch die Seele will sich wehren, schickt zum Himmel ihre
Qual,
und aus schwarzen Wolkenbergen fährt hinab ein heißer
Strahl.

Brennt in schwarzem Ascheregen Satans Boten aus der
Welt,
bannt das Dunkel, und die Sterne strahlen hell vom
Himmelszelt.

Und des Pilgers Herz im Wachen, ahnt voll Ehrfurcht, was
gescheh'n,
hält die Augen fest geschlossen, kann nicht bleiben und
nicht geh'n.

Atmet ein in vollen Zügen den vergänglich' Augenblick,
und mit Tages erster Stunde kehrt sein ferner Geist zurück.

Voller Demut kniet er nieder, danket Gott für diese Nacht
und weiß doch, dass morgen wieder alles Böse neu
erwacht.

Manchmal

Manchmal sind die Rosen rot,
wundervolle Farbenpracht.
Manchmal sind die Rosen tot,
schwarz und grau als wie die Nacht.

Manchmal sind die Herzen warm,
Blütenträume regnen leis'.
Manchmal schlägt das Herz Alarm,
wenn ihm scheint zu hoch der Preis.

Manchmal sind die Augen hell,
streicheln, wollen Freunde sein.
Manchmal töten Blicke schnell,
graben ihre Opfer ein.

Manchmal ist die Liebe gut,
und das Feuer brennt so heiß.
Manchmal ist nur Hass und Wut,
wenn man nicht mehr weiter weiß.

Manchmal ist's der letzte Joint,
der dich wieder glücklich macht.
Manchmal ist der Tod ein Freund
und bringt Licht in deine Nacht.

Apokalypse

Bleicher Mond, in kalten Nächten
ziehen Wölfe durch das Land,
und manch' Pakt mit dunk'len Mächten
wird schon bald nicht mehr erkannt.
Opferblut in hellem Feuer
ruft das Böse in die Welt,
und was jetzt noch lieb und teuer,
bald zu schwarzem Staub zerfällt.
Giftig' Worte rinnen weiter
aus des Magiers toten Mund,
und der erste schwarze Reiter
führt heran den Höllenhund.
Heißer Regen fällt hernieder
auf der Erde Narbenhaut,
und im Hall der letzten Lieder
jeder Gletschergipfel taut.
Gnadenlos versinkt im Strome,
was sich ihm entgegenstellt.
Ohne Hoffnung selbst die Dome,
alles bricht aus dieser Welt.
Was noch gegen Flutgewalten
trotzig widerstehen mag,
stürzt in bodenlose Spalten
an der Erde jüngsten Tag.
Ohne Sinn ist jedes Fliehen,
und das letzte Abendrot
sieht den letzten Mensch auf Knien,
mit der Bitte um den Tod.

Verzweiflung

Mein Gott, so hilf' mir, hör' mich an!
Ich weiß nicht aus noch ein.
Zwar hab' ich einen Ehemann,
doch hätt' ich lieber kein'.

Wir liebten uns vor hundert Jahr'n
und länger noch ist's her.
Hab' Schmerz und Leid seitdem erfahr'n,
und täglich wird es mehr.

Er trinkt, er schlägt mich, fasst mich an,
mir ist nur noch zum Schrei'n.
Wie lang' ich das ertragen kann,
weißt doch nur du allein.

Mein Hass wird mehr von Tag zu Tag,
brennt hell und heiß wie Glut,
und irgendwann, beim nächsten Schlag,
entlädt sich meine Wut.

Dann wach' ich auf und kämpf' mich frei
und weiß, ich werd's bereu'n.
Mein Gott, ich bitt' dich, steh' mir bei
und lass ein Ende sein.

Manchmal
(zweite Version)

Manchmal ist's, als fehlt die Kraft
für den neuen Tag,
und dann scheint's, als ob die Seele
nicht mehr hiersein mag.

Manchmal ist's, als bricht das Herz
durch die Last entzwei,
und dann scheint's, als ob das Leben
schon zu Ende sei.

Manchmal willst du nur noch fort,
heißt das Ziel auch „Nacht",
bist voll Hass auf jeden Morgen,
den du neu erwacht.

Doch es fehlt das Stückchen Mut
für den letzten Schritt,
und im Sog der alten Ströme
schwimmst du weiter mit.

AZRAEL

Schatten tanzen in der Nacht über Friedhofsmauern,
schwarzer Engel lautlos lacht, lässt den Traum erschauern.

„Bin so frei und nehm' dich an, will dir Träume weben,
und zum Lohne werd' ich dann forthin mit dir leben."

Träumend wird dem Träumer bang, weiß, er kann nicht
siegen,
hört der Schatten stummen Klang, wenn sie zu ihm fliegen.

Schwarzer Engel steht ihm bei, lässt die Schatten wanken,
dennoch macht er ihn nicht frei, stiehlt ihm die Gedanken.

Zieht ihn fordernd zu sich hin auf sein schwarzes Kissen.
„Du sollst fühlen, wer ich bin, aber niemals wissen."

Träumer windet sich im Traum unter tausend Qualen,
fliehen kann er jedoch kaum, muss die Schuld bezahlen.

Weiß nicht wie und nicht warum, und mit jedem Wachen
werden seine Träume stumm, aber auch sein Lachen.

Denn seit Tanz und Schattenmacht ihn im Traume trafen,
wünscht der Träumer jede Nacht, niemals mehr zu
schlafen.

Sehnsucht und Angst einer Seemannsbraut

Wenn der Tag zu Ende geht und die Winde sterben,
fliegen Träume übers Meer, die den Himmel färben.
Alle Farben aus dem Reich bunter Fantasien
sind im Farbentopfe drin, aber nur geliehen.
Gelb wie Hass und rot wie Blut, purpur wie die Liebe,
violett wie Leidenschaft mancher Herzensdiebe.

Seh' ich dies, so wird mir bang und bin in Gedanken
tausend Meilen weit von hier auf des Seglers Planken.
Seh' ihn kämpfen mit dem Sturm, tanzen auf den Wellen
und seh' ihn zu guter Letzt hart am Riff zerschellen.
Mann und Maus geh'n über Bord, werden tief versinken,
und mit ihnen wird sodann meine Lieb' ertrinken.

Steuermann so hab' die Wacht, Steuer fest umschlungen
und dem Sturm ein trotzig' Lied ins Gesicht gesungen.
Lass' nicht zu, dass stolzes Schiff Spiel der Sturmgewalten
und des wilden Meeres wird, lass' die Segel halten.
Bring' den Liebsten mir zurück, und in meinem Garten
werden wieder Rosen blüh'n - bis zum nächsten Warten.

Abstand

***

Wenn der letzte Adler fliegt
und der Hass die Zeit besiegt
und das Licht den Kampf verlor'n,
bleibt die Liebe ungebor'n.

Wenn das letzte Herz verbrannt,
jagen Schatten über's Land,
werden Meere siedend heiß
und die lauten Schreie leis'.

Wenn das letzte Einhorn fällt
und am Ende dieser Welt
alle Tage Trauer sind,
sterben Träume mit dem Wind.

*****

Letzter Engel fliegt davon,
letzter Schoß birgt keinen Sohn,
letzte Träne keiner weint,
letzte Sonne keinem scheint,

******

Unser Gott hat kein Gesicht,
auch der Teufel hat es nicht.
Wir sind Abel und auch Kain,
und es wird nie anders sein.

Auf dem Heimweg

Spät ist es geworden, viel zu spät.
Eigentlich wollte ich um diese Zeit schon längst im Bett liegen. Morgen früh klingelt mich der Wecker unbarmherzig aus den Federn und ich bin nicht ausgeschlafen. Nach solch einem Start darf mich den ganzen Tag über keiner ansprechen.

Heute hat sich wieder einmal alles in die Länge gezogen.
Erst kam ich spät aus der Firma. Mein Chef hatte kurzfristig einen Auftrag angenommen, der unbedingt fertig werden musste. Anschließend machte ich noch einen Besuch bei Freunden, der lange fällig war. Danach entschloss ich mich spontan zu einem Abendbrot in der „Klause". Das Bauerfrühstück schmeckt dort immer so lecker. Natürlich geschah dann das Übliche. Ich traf Bekannte, wir kamen ins Plaudern und ehe wir uns versahen, stand die Uhr auf kurz vor elf.

Jetzt ist es gleich halb zwölf und ich habe noch zwanzig Minuten auf dem Fahrrad vor mir. Nur gut, dass nachts auf dem ehemaligen LPG - Weg kaum jemand fährt. Vollmond ist auch, da kann ich mir die Beleuchtung sparen. Das tritt sich wesentlich leichter. Außerdem geht mir das Surren vom Dynamo auf die Nerven. Seufzend mache ich mich auf den Heimweg. Das Bauernfrühstück liegt mir schwer im Magen.

Nachdem ich das Rad ein Stück durch tiefen Zuckersand geschoben habe, liegt der schmale Plattenweg im Mondlicht vor mir. Nun aber los. Kräftig trete ich in die Pedale. Wohltuend kühlt der Wind mein erhitztes Gesicht. Es geht leicht bergab und macht richtig Spaß. Ich muss nur achtgeben, nicht in eines der tiefen Schlaglöcher zu geraten. Kopfüber auf Beton zu landen, ist nicht angenehm.

Hoppla, diese Delle kannte ich noch nicht.

Die sausende Fahrt wird plötzlich zu einem gefährlichen Holpern. Nur mit Mühe kann ich den Lenker halten und das Rad zum Stehen bringen. Reifenpanne! Das hat mir noch gefehlt! Der Mantel vom Vorderrad hat einen langen Riss. Da ist nichts zu machen. Ratlos sehe ich mich um.

Hoch über mir leuchtet der Mond. Es ist taghell. Die Zeiger meiner Armbanduhr stehen auf dreiviertel zwölf. Es wird mir wohl nichts anderes übrig bleiben, als auf Schusters Rappen nach Hause zu tippeln.

Was stehe ich eigentlich hier noch herum? Auf geht's!

Das Rad lasse ich am Straßenrand liegen. Das kaputte Ding klaut keiner. Morgen tausche ich das Vorderrad einfach aus. In der Garage hängt noch ein Achtundzwanziger. Später kann ich zu Hause in Ruhe Schlauch und Reifen wechseln.

Ich laufe vorwärts und pfeife mir eins. Das Wandern ist des Müllers Lust. Ha, ha, höchst unwahrscheinlich, dass die Müller zu früheren Zeiten so gern gewandert sind, wie uns das Lied weismachen will.

Eben noch überlege ich mir, welchen Weg ich am besten gehe, da ist die nächste Biegung in Sicht und damit der Punkt meiner Entscheidung heran. Entweder ich folge der Straße, die mich hell und sicher nach Hause bringt, oder ich nehme die Abkürzung geradeaus durch den Wald. Auf der Straße wäre ich bis weit nach Mitternacht unterwegs. Der andere Weg nimmt nicht einmal die Hälfte der Zeit in Anspruch. Allerdings ist das Laufen nachts durch den Wald kein Zuckerschlecken, und vom Moor erzählt man sich grausige Dinge. Jedoch sind diese Horrorgeschichten samt und sonders erfunden. Darüber hinaus ist Vollmond und somit auch der Waldweg gut zu erkennen. Schließlich muss ich nicht unbedingt dicht am Moor vorbei. Außerdem habe ich gut gegessen und getrunken. Was kann mir schon passieren?

Ich gehe geradeaus.

Der Weg macht keine Probleme. Allerdings kann ich manchmal erst im letzten Moment den Zusammenstoß mit einem Baum vermeiden. Vielleicht sollte ich doch etwas langsamer laufen. Erst mal eine Pause. Es war wohl ein Bier zuviel.

Mein Bett winkt mächtig. Ich könnte mich hinsetzen und auf der Stelle einschlafen. Aber leider heißt es erst einmal, tüchtig marschieren. Zu Hause habe ich Bescheid gesagt, dass es später wird, da macht sich keiner Sorgen.

Beim Umherschauen sehe ich einen Lichtschein durch die Baumreihen blitzen. Autoscheinwerfer! Da fährt jemand genau in meine Richtung! Es ist nicht zu fassen. Während ich hier mitten im Wald stehe, fährt dort ein Auto vorbei, dessen Fahrer mich sicher mitgenommen hätte. In fünf Minuten wäre ich zu Hause gewesen. Das ist doppeltes Pech! Konnte aber keiner ahnen. Sonst fährt um diese Zeit niemand hier entlang. Selbst bei Tag ist auf der löchrigen Buckelpiste nicht viel Betrieb. Ärgern hilft nichts. Jetzt bin ich einmal hier und basta.

Erleichtert und ärgerlich zugleich laufe ich weiter und bleibe nach wenigen Schritten stehen.

War da nicht eben ein Geräusch?

Hinter mir liegt nur der Waldweg im Mondschein. Doch beim Weiterlaufen ist wieder dieses Rascheln. Ohne anzuhalten, drehe ich mich blitzschnell um.

Nichts!

Angestrengt mustere ich meine Umgebung, soweit man im Mondlicht etwas erkennen kann. Natürlich ist da keiner! Wer sollte auch mitten in der Nacht im Wald mit mir Verstecken spielen!

Ich gehe ein paar Schritte. Rascheln!

Ich halte an. Stille!

Mir steht kalter Schweiß auf der Stirn. Langsam erinnere ich mich der Dinge, die man sich über das Moor erzählt. Es sind viele Dinge, jedoch beileibe keine schönen. Vor allem nicht bei Vollmond.

Vollmond?!

Welcher Teufel hat mich nur geritten, bei Vollmond um Mitternacht durchs Moor zu laufen? An allem ist nur mein großer Durst und das Bauernfrühstück schuld.

Ich bin zum Laufschritt übergegangen, halte das jedoch nicht lange durch. Hinter mir die Schritte. Keuchend bleibe ich stehen.

Stille!

Nicht weit jault ein Hund.
Bin ich schon nahe am Ort? Dann habe ich es ja bald geschafft.

Als ich den nächsten Schritt machen will, raschelt es. Sofort vergesse ich alles andere, schaue zu meinem Hacken hinunter und breche in Gelächter aus. Mein unsichtbarer Begleiter ist ein trockener, belaubter Zweig, der sich in der kaputten Sohle der linken Sandale verklemmt hat. Prima! Die Sohle sollte ich schon längst angeklebt haben. Erleichtert nehme ich meinen Weg wieder auf. Gott sei Dank ist es nicht mehr weit. Das Herz war mir mächtig in die Hose gerutscht.

Der Hund heult wieder.

Mir sträuben sich die Haare.
Das ist kein Hund, und da ist auch kein Dorf! In dieser Richtung liegt das Moor, was da heult ist ein Wolf! Ganz eindeutig. Wieder erklingt es langgezogen und durchdringend, huuuu, huuuu. Ich versuche, nicht an die zahlreichen Albtraumgestalten zu denken, die diesen Ort bevölkern und laufe jetzt mechanisch so schnell ich kann, einfach vorwärts. Ich stolpere mehrfach und halte mich nur mit Mühe aufrecht.

Weiter, nur weiter!

Ich bin ziemlich fertig. So lang kann der Weg doch nicht mehr sein! Gehe ich überhaupt in die richtige Richtung? Vielleicht bewege ich mich im Kreis?

Was war das? Da vorn hat sich etwas bewegt! Ich bleibe stehen und sehe angestrengt hin.

Dort hinter dem großen Busch steht jemand! Er hat die Keule zum Schlag erhoben und lauert auf mich. Nur gut, dass ich ihn gesehen habe. Rasch nehme ich den größten Knüppel, der in der Eile zu finden ist, fest in beide Hände und gehe langsam weiter. So leicht sollst du mich nicht haben! Beim Näherkommen löst sich die Gestalt auf und verwandelt sich in einen dicken Brombeerstrauch. Geräuschvoll atme ich aus und laufe hastig weiter. Den Knüppel behalte ich in der Hand. Man kann nie wissen.

Wieder heult der Wolf. Diesmal hinter mir.
Umkreist er mich? Sind es mehrere? Bin ich schon umzingelt? Oder ist es am Ende gar der Moorhund, in dessen Reich ich eingedrungen bin?

Vorn wird es heller. Gott sei Dank! Ich bin raus aus dem Wald.

Nach ein paar Metern habe ich die letzten Bäume hinter mir gelassen, haste eine kleine Anhöhe hinauf und schaue entsetzt auf die vor mir liegende Ebene. Zwischen winzigen Grasinseln blinken im Mondlicht zahlreiche Wasserflächen, teilweise mit Entengrütze bedeckt.

Das Moor!

Ich bin völlig in die Irre gelaufen.
Als ich meinem unsichtbaren Verfolger davonrannte, muss ich die Orientierung verloren haben. Nun werde ich länger brauchen, als auf der Straße. Wenn ich überhaupt jemals hier rauskomme. Das Heulen ist nicht mehr zu hören. Wahrscheinlich hatte der Moorhund nur die Aufgabe mich in das Reich der Moorhexe zu treiben.

Weg mit den dummen Gedanken!

'Dreh jetzt bloß nicht durch alter Junge. Es gibt weder eine Moorhexe noch sonst irgendetwas! Und Wölfe gleich gar nicht!'

Mein rasselnder Atem hat sich wieder normalisiert, der Puls sich etwas beruhigt. Suchend schaue ich mich um. Hier war ich selbstverständlich schon mal, jedoch sieht nachts alles anders aus. Jetzt kühlen Kopf behalten. Ein paar Schritte in die falsche Richtung, und ich sehe die Sonne nie wieder.

Das Moor glitzert im Mondlicht.
'Das erlebe ich nicht wirklich', denke ich. 'Unmöglich, dass mir so was passiert.' Mitternacht im Moor, Vollmond, der Wolf. Es ist wie in dem Film "Der Hund von Baskerville".

Das Moor bietet einen wundervollen, romantischen Anblick, wie ich ihn wohl nie wieder erleben werde. Jedoch steht mir wahrlich der Sinn nicht nach träumerischem Verweilen. Nachdem ich mich etwas beruhigt habe, laufe ich weiter. Lange bin ich bestimmt nicht mehr unterwegs. Wenn ich mich beeile, kann ich in einer halben Stunde zu Hause sein und lache über den nächtlichen Spuk. Es geht auch ganz gut vorwärts. Der Mond leuchtet mir immer noch. Ich sehe nur auf den Weg. Erstens, damit ich nicht falle, denn so sicher ist mein Gang nach all der Aufregung nicht mehr, und zweitens, damit ich mir nicht wieder irgendwelche Gestalten einbilde.

Hinter mir heult der Moorhund.

Ist doch klar, er will sich die schon sicher geglaubte Beute nicht wieder entkommen lassen. Aber der kriegt mich nicht!

Ich nehme die Beine in die Hand und falle in einen leichten Trab. Es geht ein bisschen bergab, das ist gut. Ich schaffe es. Würde ich anfangen zu rennen, wäre ich nach wenigen hundert Metern fix und fertig, und die Bestie hätte leichtes Spiel. Ich laufe um die nächste Biegung und sehe einen großen, gedrungenen Schatten auf mich zukommen.

Oh mein Gott! Er ist da!

Hat mich seitlich überholt, um mir den Weg abzuschneiden. Sofort drehe ich mich um und renne, was das Zeug hält.

Lächerlich! Wer hat je einen Wettlauf mit einem Wolf oder gar mit dem Moorhund gewonnen? Kaum höre ich das Tappen der riesigen Pfoten auf dem festen Waldboden hinter mir, da ist er auch schon ran. Mein Fuß verfängt sich in einem Erdloch, und ich schlage der Länge nach hin. Im letzten Moment kann ich die Arme vorstrecken und mit beiden Händen den Sturz etwas bremsen. Der Moorhund ist über mir und haucht seinen heißen Atem in mein Genick.

'Aus ist's', kann ich noch denken. 'Nun frisst dich das Ungeheuer.'

Aber das Ungeheuer frisst mich nicht, es schnüffelt an mir herum. Langsam und vorsichtig drehe ich mich auf den Rücken. Nur keine hektische Bewegung. Im aufgerissenen Maul des riesigen Rachens über mir blitzen vier lange Reißzähne. Übelriechender Atem schlägt mir entgegen, wie aus der Hölle. Das Untier beißt jedoch nicht zu, sondern leckt mein Gesicht von oben bis unten ab und quietscht dabei vor Freude.
„Jana, meine Jana!"
So froh war ich noch nie, meine Hündin zu sehen. Wie konnte ich dich nur für ein Ungeheuer halten!
„Meine gute Jana! Du alter, dicker Hund, du!"
Ich umarme sie, und wir rollen uns auf dem Waldboden herum. Jana quietscht, jault und bellt gleichzeitig. Sie ist vor Freude völlig aus dem Häuschen.
„Bist von zu Hause abgehauen, alter Schlingel?"
Aber das verzeihe ich ihr sofort. Auch weitere Missetaten sind ihr im voraus für einige Wochen vergeben. Jana braucht einige Zeit, sich zu beruhigen. Auch mir ist der

Schreck gehörig in die Glieder gefahren. Meine Beine sind wie Gummi, mein Herz schlägt einen Trommelwirbel nach dem anderen, ich bin klatschnass.

Nachdem wir uns etwas erholt haben, brechen wir auf. Ich will endlich nach Hause! Mit meinem Kaukasischen Hirtenhund an der Seite sind alle Ängste der Lächerlichkeit preisgegeben. Froh und glücklich gehen wir das letzte Stück Weg. Schon nach kurzer Zeit winken uns die gemütlich leuchtenden Fenster meines Hauses ihr Willkommen entgegen. Ich bin daheim.

Später erzählt mir meine Frau, dass Jana den ganzen Abend unruhig im Haus umhergelaufen war und immer hinauswollte. Als sie das Wolfsheulen hörten (also doch keine Einbildung), war sie nicht mehr zu halten. Sie machte solch einen Radau, dass meiner Frau nichts anderes übrig blieb, als ihr die Tür zu öffnen. Der Hund schoss wie der Blitz an ihr vorbei, rannte zum Tor und sprang mit einem Satz über den ein Meter sechzig hohen Zaun. Weiter raste sie dann mit voller Geschwindigkeit in den Wald, geradewegs mir entgegen. Den Rest kenne ich.

Woher sie allerdings wusste, wo ich entlang kommen würde, soll mir ewig ein Rätsel bleiben. Sie muss das Unheil gespürt haben, das sich über mir zusammenbraute. Vielleicht hat sie mir auch irgendwie das Leben gerettet.

Wer kann schon sagen, was geschehen wäre, wenn ...

Wildgänse zieh'n vorbei

Die Nacht verliert die Sterne
und ruft den neuen Tag.
Ich hör' aus weiter Ferne
gehauchten Flügelschlag.

Noch schläft der junge Morgen,
doch über meinem Boot,
da schminkt sich ohne Sorgen
der zarte Himmel rot.

Fast wie im Handumdrehen
zieht hoch mit schrillem Schrei,
kaum als ich sie gesehen,
die wilde Schar vorbei.

Gern wär' ich mitgeflogen
und hätt' das süße Kleid
der Freiheit angezogen,
zur Flucht durch Raum und Zeit.

Dass ich nicht untreu werde,
hält mich mein warmes Nest
auf wohlbekannter Erde
an Arm' und Beinen fest.

So fahrt dahin, ihr Träume!
Ich grüß' dich, Morgentau.
Was macht's, wenn ich versäume
den Flug im Himmelsblau!

Sing' doch im Morgengrauen
dem nächsten Schwarm ein Lied,
und heimlich werd' ich schauen,
wenn er vorüberzieht.

Auf dem Grund

Am Traumsee hab' ich dich geseh'n,
als du gingst ins Wasser.
Ich ließ dich nicht untergeh'n,
denn du warst so wunderschön
und der Mond ein Blasser.

Dann hab' ich deinen Blick gespürt,
und es ist geschehen.
Herzen haben sich berührt,
und dein Aug' hat mich verführt,
fast im Handumdrehen.

Ich brachte keinen Widerstand,
ließ mich einfach lenken.
Meine Hand in deiner Hand
folgte ich dir in dein Land,
ohne nachzudenken.

Nun bin ich bei dir auf dem Grund,
lass' mich mit dir treiben,
denn an deinem Rosenmund,
flieht die Zeit mir, Stund' um Stund',
werd' hier ewig bleiben.

„Er hat mich verführt."
„Lass dich nicht verführen!"
„Sie war die Verführung pur!"
„Die Speisen verführten zum Zugreifen."
„Ein verführerischer Duft zog durch das Haus."

Die Liste von passenden Aussprüchen zum Thema Verführung ließe sich beliebig verlängern.

Ganz gleich, ob es die Verführung durch einen Menschen, einen Gegenstand oder eine Situation ist, man ist geneigt oder wird genötigt, etwas zu tun, was man eigentlich gar nicht will, man wird verführt. Aber hier steckt das Wörtchen "eigentlich" drin. Und zum Verführen gehören immer mindestens zwei. Der Verführer und der Verführte. Und wenn ich mich verführen lasse, etwas zu tun, was ich eigentlich gar nicht will, dann will ich es eigentlich doch, und die Verführung ist nur der letzte Anstoß, jenes zu tun. Im Grunde habe ich es schon immer gewollt und nur auf eine passende Gelegenheit, einen Vorwand, eine Ausrede gewartet, der Verführer liefert mir dieses in seinem Drängen.

„Ich war machtlos."
„Sie hat mich einfach verführt."
„Ich konnte nichts dagegen tun."
„Ich konnte der Verführung nicht widerstehen."
„Die Verführung war perfekt geplant und ausgeführt."
„Ich war seinen Verführungskünsten hilflos ausgeliefert."

Und wie dergleichen Ausreden mehr lauten mögen.
Die Verführung von Mann oder Frau durch eine Person des anderen oder des gleichen Geschlechtes zum Sex setzt die Bereitschaft des bzw. der Verführten voraus, sich verführen zu lassen. Nichts passiert "einfach so" ohne beider Zutun.

Hier, wie auch bei anderen Verführungen müssen zwei Dinge zusammen treffen. Die, wenn auch unbewusste, Bereitschaft etwas zu tun und der unterentwickelte Wille, dieses nicht zu tun, weil ... Nun, die Begründungen dafür sind ebenso vielfältig, wie die Argumente, der Verführung nachzugeben. Auch der Verführung zum Essen oder Trinken gibt man allzu gern bereitwillig nach, nachdem man sich eine gehörige Zeit lang geziert (ich hab gar keinen Hunger, ich bin noch satt, ich bin sowieso zu dick, ich dürfte eigentlich gar nichts essen, so zeitig trinke ich eigentlich nichts, das wäre doch nicht nötig gewesen) und im Grunde nur auf eine weitere Aufforderung gewartet hat.

Manchmal ist es auch eine Situation, die in ihrer Eindeutigkeit oder auch nur in ihrer Möglichkeit zum Verführer wird. Es heißt nicht umsonst: „Gelegenheit macht Diebe", ob es nun ein „Herzensdiebstahl" oder das Wegnehmen eines Gegenstandes ist, der unbeobachtet einfach so herumlag und nur auf den Dieb gewartet zu haben schien. Nur zu gern ist man bereit, etwas Verbotenes zu tun, in der Gewissheit, nicht erwischt zu werden. Wenn sich halt die Gelegenheit dazu bietet. In die Reihe der Verführungen reiht sich leider auch die Verführung zu Kampf und Krieg, zu Aufstand und Rebellion ein. Hierbei gelten allerdings etwas andere Mechanismen als bei den zuvor behandelten Verführungen, die nur dem eigenen Wohl oder dem Wohl des Mitmenschen dienen. Hier gibt es als gewichtige Gründe ab einem bestimmten Zustand der Ereignisse die Massenpsychose, die Massenhysterie, die Mitläufer- und Mitmachermentalität. Die Deutschen im dritten Reich waren beileibe nicht alle Nazis. Sie sind mitgelaufen und haben mitgemacht, teilweise aus einer Zwangssituation heraus.

Spartakus brauchte nicht viel, um seine Mitgefangenen zum Aufstand zu verführen. Ebenso die französischen Revolutionäre. Auch Thomas Müntzer und Florian Geyer fanden in Not und Elend der Bauern unterstützende Hilfe. Etwas schwerer dagegen hatten es Hitler und Goebbels. Sie brauchten dementsprechend auch etwas länger für die Verführung ihres Volkes. Letztendlich hatten sie alle etwas gemein: Sie verführten Menschenmassen mit der Aussicht auf Besserung ihrer Situation, ihnen nachzufolgen. Für die Freiheit, für mehr zu essen, für den Glauben oder einfach nur fürs Vaterland. Diese Verführungen waren immer stark und mächtig und zogen viele in ihren Bann. Obwohl es auch immer Menschen gab, die widerstanden, sich nicht verführen ließen.

Das Gebot:

„... und führe mich nicht in Versuchung"
hat also (wie auch andere) seine Berechtigung in unserer Zeit.
„Schütze mich vor der Verführung. Lass mich stark genug sein, zu widerstehen."

Ob wir es zu Gott sagen oder dabei unseren Willen meinen, wir wollen selbst und bewusst entscheiden, welchen Weg wir gehen, was wir tun und uns nicht von anderen Menschen oder Situationen verführen lassen.

Das Tal der Sehnsucht

Im Tal der Sehnsucht liegt ein Hauch
der lang verklung'nen Lieder.
Wenn ich in's Tal hinuntertauch',
dann höre ich sie wieder.
Ich hör' den klaren, wilden Bach,
er rauscht in meinen Träumen,
ihm eil' in seinem Lauf ich nach
aus Angst, was zu versäumen.
Er trägt mit sich, was einmal mein
und was ich lang vergessen
und bringt mir jeden Kieselstein,
den ich einmal besessen.

Die Wasser fließen ewigjung und tragen die Gedanken
und zeigen der Erinnerung, wo meine Träume sanken.

Versunken zwar, doch niemals tot,
erhebt von Baches Grunde
sich mancher Traum im Abendrot
und bringt mir seine Kunde,
und um verführend meinen Weg
woandershin zu lenken,
zeigt mir der Bach so manchen Steg
und schilt mein kühles Denken.
„Ziehst du mit mir in meinem Lauf,
so wirst du nie versinken.
Komm, weck' die Träume wieder auf
und lass' sie nicht ertrinken!"

Noch lausch' ich jenen Worten nach,
die so verlockend klingen,
da macht der neue Tag mich wach,
mit seinen alten Dingen.

Doch leider zeigt er dabei nicht,
wie alles wär' gekommen,
denn ängstlich sind im Morgenlicht
die Träume fortgeschwommen.

Flucht zu dir zurück

In meinem Traum, vorgestern Nacht,
da kam in märchenhafter Pracht
ein weißes Einhorn auf mich zu
und hatte Augen, so wie du.

Es sah mich an und sprach sogleich
mit deiner Stimme, warm und weich,
und lud mich ein zu einem Ritt,
ganz einfach so und nahm mich mit.

Wir flogen weit ins Wunderland,
und unter meiner heißen Hand
lag grade so, wie frisch getaut,
sein zartes Fell, gleich deiner Haut.

In seiner Mähne Lockenpracht
hielt ich mich fest in dieser Nacht,
doch war mir so, als atme ich
in seinem Haar nur immer dich.

Zu Welten, die so fern wie schön,
und die noch nie ein Mensch geseh'n,
entführte mich die Traumgestalt,
und keiner von uns wurde alt.

Mein aufgeputschter, heißer Sinn
gab sich jetzt ganz dem Traume hin,
und jeder neue schöne Ort
zog mich noch weiter von dir fort.

Doch als so hoch im Taumel schwang
und von der Ewigkeit ich sang,
war plötzlich mir, als riefst du mich
und trafst mein Herze wie ein Stich.

Noch rauschestrunken, voller Glück,
kehrt' ich aus meinem Traum zurück,
sah neben mir dein zart' Gesicht
und trauerte dem Einhorn nicht.

In deiner Liebe süßen Glanz
versink' ich immer wieder ganz,
tauch' ein in dich mit Haut und Haar,
denn du machst meine Träume wahr.

Der Fixer

Du hältst den Tod in deinen Händen,
ahnst jetzt wohl auch, wie wird es enden,
weil du schon lang die Straße gehst,
an deren Ende du nun stehst.
Sag', weißt du noch, wie es begonnen,
im Hinterhof, bei Abfalltonnen,
wo dir der Rauch, so sanft und süß,
viel kleine Flügel wachsen ließ?
Warst noch ein Kind, erst dreizehn Jahre,
trugst Nasenring und bunte Haare
und fandest es nur geil und schön,
so ab und an auf Tour zu geh'n.
Doch bald war dir ein Joint zu wenig.
Du wolltest reisen wie ein König,
nahmst Crack und Speed und Heroin,
flogst jeden Tag woandershin.
Nun musst du für den Stoff dich bücken
und täglich immer öfter drücken.
Erst nur ein Schuss, dann werden's zwei,
und schließlich reichen nicht mal drei.
Auf deinem Trip gehst du in Räume,
die tiefer sind als deine Träume,
und deren Echo hundertfach
noch widerhallt, wenn du schon wach.
Du reitest hoch auf weißen Wellen,
spürst dann, wie sie am Riff zerschellen
und suchst im gleichen Augenblick
schon wieder nach dem nächsten Kick.

So fliegst du hin und merkst doch nicht,
wie deine Welt zusammenbricht.
Seit ein paar Jahren hast du Aids.
Wen kümmert das? Wer fragt: „Wie geht's?"
Auch dir ist das längst scheißegal,
und selbst der Tod schreckt dich nicht mal.
Wieso denn auch, er bringt dich fort
an einen schönen, bess'ren Ort.
Heut' bist du neunzehn Jahre alt,
doch deine Seele ist schon kalt.
Du zitterst wie ein alter Mann,
der kaum die Nadel halten kann
und wartest auf den gold'nen Schuss:
SCHLUSS!

Ein Maigedicht

Als sie von Lieb' und Freude sangen,
geschah's im Wonnemonat Mai,
doch ihre Abschiedslieder klangen
und schon im Herbst war es vorbei.

Sollt' halten für ein ganzes Leben,
versprochen ward's im Blütenkranz,
nun sehen sie die reifen Reben
alleine geh'n zum Erntetanz.

Doch Leben regt sich in ihr drinnen,
bald sieht es auch die ganze Welt,
und scheinbar gibt es kein Entrinnen,
dass sie in Schimpf und Schande fällt.

„Oh Gott, mein Flehen, meine Lieder,
schick' ich dir hoch zum Himmelszelt.
Ich bitt' dich, bring' den Liebsten wieder
und Licht in meine graue Welt."

Sein' Namen kann sie nicht benennen,
und keiner hört ihr banges Fleh'n.
Als ihre Schande zu erkennen,
sieht sie der Mond am Weiher steh'n.

Zwar grauset ihr, doch ruft's von unten
gar tröstend zu der holden Maid:
„So komm zu mir, du hast gefunden,
ein End' für all dein Herzeleid!"

Sie zögert bang, doch in den Fluten,
vermeint sie, sein Gesicht zu seh'n,
und schon nach wenigen Minuten
wird sie ins kalte Wasser geh'n.

Als es gescheh'n und sie versunken,
deckt sich mit Wolken bleicher Mond,
manch einer hier schon tief ertrunken,
wenn leuchtend er am Himmel thront.

Er weiß um vielerlei Geschichten,
die ewig alt und doch so neu,
und wenn voll Gram sie ihm berichten,
bricht oft ein liebend Herz entzwei.

Viele Dinge können wir nicht erklären -
sind sie deshalb weniger wahr?

Manches scheint,
als sei es nicht von dieser Welt
und manches
ist auch nicht von diese Welt.

Abschiedslied

„Trauerweide, Trauerweide,
sag', wo ist der Liebste mein?
Immer sahest du uns beide,
heute steh' ich hier allein."

„Trauerweide, Trauerweide,
so vertraut ist mir der Ort,
doch so kalt ist meine Seite,
denn schon lange ist er fort."

„Trauerweide, Trauerweide,
kann nicht länger ohne ihn,
will vor meinem Herzeleide
mich in deine Arme flieh'n."

„Tief in deinen grünen Zweigen
will ich ruhen heute Nacht."
Tröstend sie sich zu ihr neigen,
und der Mond hält stumm die Wacht.

Hoch am Himmel musst' er sehen
machtlos ihren letzten Gang,
auch der Baum ließ es geschehen,
dass sie sich an ihm erhang.

Abschied nehmend streicht ganz leise
durch ihr Haar der Morgenwind,
schickt sie auf die letzte Reise,
dorthin, wo die Träume sind.

Im Moor

Ein paar Minuten noch höre ich das Gekrächze der zwei Eichelhäher, bevor der Wald ihre Stimmen in seinen Chor aufnimmt und die heiseren Rufe eines von vielen Geräuschen wird.

Die beiden Vögel begleiten uns oft über längere Strecken auf unseren Spaziergängen und melden allen Waldbewohnern:
„Vorsicht, seid auf der Hut! Es naht der Feind! Mensch und Wolf sind wieder im Wald! Flieht, solange ihr noch könnt!"
Aufgeregt flattern sie von einem Ast zum anderen und können sich lange nicht beruhigen. Dabei sind wir die leisesten und friedlichsten Besucher des Waldes. Sorgfältig vermeiden wir jedes Geräusch, und nur ganz selten knackt ein trockener Zweig unter meinen Füßen, rennt Jana raschelnd durchs Gestrüpp. Wenn auch meine Hündin manchmal einem Reh oder einem Hasen hinterhersaust, so wird es doch für diese Tiere nie gefährlich. Jana ist viel zu langsam. Sie sieht solch eine Jagd immer sportlich, und es macht ihr einen Riesenspaß. Das eindringliche Geschrei der Waldpolizisten ist also in unserem Fall völlig überflüssig.

Der Weg führt aus dem Wald, am Kornfeld entlang. Schwere, reife Ähren wogen im Sommerwind langsam hin und her. Es wird Zeit, dass der Roggen vom Halm kommt. Nass werden sollte er vor der Ernte nicht noch einmal. So gut wie in diesem Jahr stand das Getreide schon lange nicht.

Wir gönnen den Landwirten die gute Ernte. Oft genug ist es zu trocken oder zu feucht. Nicht wenige Schäden werden durch Wild verursacht. Reh und Schwein treten immer zahlreicher auf. Die Jagdpächter kommen kaum hinterher.

Helles Motorengeräusch unterstreicht die mich umgebende Stille. Hoch über mir kreist ein Ultraleichtflugzeug. Eines dieser drachenförmigen Segler auf Rädern mit einem winzigen Motor. Keine zehn Pferde würden mich in so eine Kiste bringen. Fliegen ja, aber nicht mit so einer Nähmaschine. Erst letzte Woche sind zwei dieser Selbstmordapparate abgestürzt. Überlebt hat nur ein Pilot.

Der Wind hat etwas zugenommen, bringt jedoch keine Kühlung. Schon den ganzen Tag ist es schwülwarm. Eigentlich erwarten alle ein Gewitter, aber am blauen Sommerhimmel ist kein Wölkchen zu entdecken. Regnen müsste es wieder mal, auch wenn es für die Getreideernte denkbar ungünstig wäre. Der Waldboden ist knochentrocken. Hoffentlich passiert nichts.

Heute habe ich etwas mehr Zeit. Kaffee gab es früher als sonst. Gleich darauf habe ich mir meinen Hund geschnappt und bin los.

Vielleicht regnet es ja doch. Im Moment sieht es allerdings nicht danach aus, und ich entschließe mich, eine größere Runde zu gehen. Jana hat nichts dagegen. Sie läuft weit voraus, wartet aber vor jeder Biegung auf mich. Wieso geht sie überhaupt dort entlang? Dieser Weg führt zu den Waldteichen. Da waren wir eine Ewigkeit nicht.

Nach einem prüfenden Blick zum Himmel und einem weiteren auf meine Uhr akzeptiere ich den Vorschlag meines Hundes. Laut befehle ich ihr zu warten. Sie reagiert auch gleich beim zweiten Ruf und setzt sich. Zur Belohnung gibt's ein leckeres Frolic.

„Leider muss ich dich an die Leine nehmen."

Wir kommen gleich an eine Straße, der wir ein ganzes Stück folgen müssen. Da ist es besser, wenn mein Hund beim Anblick eines Autos oder Motorrades nicht auf dumme Gedanken kommen kann. Am Apfellager entschließe ich mich, einen Umweg in Kauf zu nehmen. Wir haben Zeit. Auf Asphalt gehen ist bei Sonnenschein nicht eben lustig.

Bis zur Apfelernte ist noch Zeit. Die leeren Container stehen gestapelt in Reih und Glied und warten auf ihren Einsatz. Sie werden in einem Monat sicher gut gefüllt sein. Die Bäume tragen schwer. Der überzähligen Früchte haben sie sich selbst entledigt. Unter manchen Bäumen liegen mehr Äpfel als an den Zweigen hängen. Wenn sie reif sind, werden wir wohl öfter hier vorbeikommen. Manche Sorten sind süß und saftig. Frisch vom Baum gepflückt, schmecken die Äpfel am besten.

An die Reihen der Apfelbäume schließt sich eine kleine Kirschplantage an, deren Früchte längst abgeerntet sind. Auch Kirschen gab es reichlich.

Wir laufen am Rand der Kirschplantage in Richtung Schenkenberg und weiter den kleinen Weg durch die Kiefernschonung. Gut zweihundert Meter vor der nächsten Weggabelung biege ich scharf rechts in den Wald ab. Ein Fremder käme nie auf den Gedanken, hier entlangzugehen. Es gibt weder Weg noch Steg, der Boden ist in weitem Umkreis morastig, dornige Ranken behindern das Vorwärtskommen. Nach der anhaltenden Trockenheit ist es allerdings nicht mehr ganz so feucht wie sonst. Dennoch lösen sich meine Schuhe bei jedem Schritt mit einem hässlichen Schmatzen aus dem Matsch. Nach nur wenigen Metern wird es trockener. Ich befinde mich auf einem schmalen Tritt (Weg wäre geschmeichelt für das enge Stückchen), der um den Teich herum verläuft.

Ich habe Jana jetzt vor mir. Für uns beide wäre nebeneinander kein Platz. Man muss sich nicht nur gut auskennen, sondern auch sehr genau achtgeben. Zu beiden Seiten des Pfades, der diesen Namen jetzt wieder verdient, ist nun kein Morast mehr, sondern hässlicher, dicker Sumpf. Leise blubbernd steigen kleine Blasen aus unergründlichen Tiefen nach oben und geben beim Platzen übelriechende Gase frei. Die Oberfläche dieser tückischen Brühe ist größtenteils mit Entengrütze bedeckt und lockt den ahnungslosen Spaziergänger in einen Hinterhalt. Aber hierher verirrt sich keiner.

Mir läuft es plötzlich kalt über den Rücken. Wieso gehe ich überhaupt hier entlang? Gibt es keine schöneren Wanderwege? Ich bin die Strecke automatisch, wie in Trance gelaufen. Abrupt bleibe ich stehen und schaue mich unschlüssig um. Jana sieht mich verständnislos an. Ich schwanke zwischen Umkehr und weiterlaufen.

'Ach was! Nun sind wir einmal hier, da gehen wir auch weiter.'

Der Teich liegt linkerhand hinter einer undurchdringlichen, mannshohen, grünen Schilfwand. Es gibt einen schmalen Durchgang zum Wasser, den jedoch niemand zu kennen scheint. Ich habe ihn zufällig bei einem Spaziergang entdeckt. Damals stolperte ich über eine Wurzel, die in diesem Moment aus dem Boden zu wachsen schien. Um das Gleichgewicht zu halten, machte ich einen Schritt zur Seite und versank nicht wie erwartet im Sumpf, sondern trat auf festen Boden. Durch vorsichtiges Tasten fand ich einen engen, kleinen Weg durch das Ried und stand nach wenigen Metern vor dem Waldteich.

Seit jenem Tag komme ich immer wieder hierher. Etwas fasziniert mich an diesem Fleckchen Erde. Ist es die Abgeschiedenheit, die Ruhe, der Frieden, der an diesem Ort zu herrschen scheint? Ist es ein Zauber, der mich in

82

seinen Bann geschlagen hat? Ich kann es nicht erklären, aber manchmal scheint mir, als lenken sich die Schritte ohne mein Zutun in Richtung des kleinen Gewässers.

Die Sonne hat sich hinter einem Dunstschleier verkrochen. Es ist noch drückender geworden. Rechts vom Weg verwandelt sich der anfängliche Mischwald in einen Birkenfriedhof. Zwischen vereinzelten, gesunden Bäumen, die auf kleinen grasbewachsenen Inseln stehen, liegen umgestürzte Stämme im Moor und recken ihre zersplitterten Reste nach oben. Obwohl ich schon oft hier war, erkenne ich nichts wieder, als ob sich der Wald ständig verändert.

Jana trottet vor mir her. Ihr ist sichtlich unwohl. Irgendetwas scheint anders als sonst. Erst jetzt bemerke ich die völlige Lautlosigkeit, die mich schon eine Zeitlang umgibt. Kein Rascheln, kein Zwitschern, kein Blätterrauschen, nichts. Richtig unheimlich. Still ist es immer im Wald. Jedoch sind es die Hintergrundgeräusche, die eine Ruhe angenehm machen. Das leise Zwitschern der Meisen, der ferne Ruf des Kuckucks, das unermüdliche Zirpen der Grillen. All das fehlt jetzt gänzlich. Die Stille ist schmerzhaft, fast unerträglich. Meine innere Stimme sagt mir, ich soll so schnell wie möglich von hier verschwinden. Blödsinn. Unwillig wische ich den Gedanken beiseite. Bisher haben mir Spaziergang und die besinnlichen Minuten am Weiher immer gut getan. Stets bin ich erfrischt und mit neuer Kraft vollgetankt nach Hause gegangen.

Da ist der Durchgang! Vor längerer Zeit habe ich einen starken, gegabelten Ast als Markierung mit einem Stein fest in den Boden geschlagen. Vorsichtig bei jedem Schritt nach dem Untergrund tastend, gehe ich auf den Schilfgürtel zu. Jana muss hinter mir laufen. Sie fügt sich willig. Wie von selbst gleiten die langen Halme auseinander. Sie streicheln mich sanft, liebkosen Gesicht und Arme. Am Weiher heißt mich angenehm kühler Lufthauch willkommen. Ein kleines, mit trockenen Gräsern bedecktes Fleckchen Erde lädt zum Verweilen ein. Erleichtert lasse ich mich zu Boden gleiten. Jana legt sich an meine Seite und schließt die Augen. Es droht keine Gefahr. Was für eine Gefahr denn? Was soll mir hier passieren? Hier bin ich sicher wie in Abrahams Schoß. Das ist ein Ort des Friedens und der Ruhe.

„Ja, hier findest du deine Ruhe!"

Was war das? Hat jemand zu mir gesprochen?
Erschreckt suche ich das Ufer ab. Nichts! Wer sollte hier auch sein? Außer mir kennt diesen Ort keiner. Anderenfalls hätte ich längst schon Spuren ungebetener Gäste entdeckt. Leere Getränkedosen, Kaugummipapier, Zigarettenschachteln. Müll halt, wie ihn jeder zivilisierte Mensch überall hinterlässt. Nichts davon war bis jetzt zu finden. Das ist auch gut so. Ich möchte dieses Fleckchen Erde mit niemandem teilen. Der Platz gehört mir.

„So soll es sein!"

Wieder war mir eben so, als hörte ich eine Stimme deutlich und klar diese Worte sagen.
'Mach dich nicht verrückt', sage ich mir.
Langsam sinke ich auf meine Ellenbogen zurück, strecke mich auf dem weichen Boden aus und tue es dem Hund gleich. Mit geschlossenen Augen atme ich die würzige Waldluft. Von der Wasseroberfläche steigt ein süßer und zugleich schwerer Duft, vermischt sich mit dem Geruch des Sommertages und bringt mich zum Träumen. In der Luft schwingt ein feiner, heller Ton. Fast wie das Summen dieses winzigen Flugzeugmotors vorhin und doch wieder

ganz anders. Unwirklich, fremd und zugleich wundervoll entspannend.

Als ich erwache ist es Abend.

Ich habe bestimmt zwei Stunden geschlafen. Jetzt aber los. Meine Frau wird sich schon Sorgen machen. Jana liegt immer noch neben mir. Schläft und rührt sich nicht. Komisch! Meine Glieder sind steif vom Liegen auf dem Waldboden. Mühsam erhebe ich mich, klopfe mir den Hosenboden sauber und starre gebannt auf den Weiher. Die sonst lückenlose Decke aus Entengrütze ist aufgerissen. Das anfangs tellergroße Loch in der Mitte wird rasch größer, bis zu einem Durchmesser von ein, zwei Metern, bleibt kurze Zeit, vergrößert sich weiter, bis es etwa vier Meter erreicht hat. Kreisrund und glatt wie ein Spiegel.

Obwohl kein Lüftchen weht, kräuselt sich jetzt die Wasseroberfläche, wird wellig, schwingt in sanften Wogen vom Zentrum zu mir. Nur in meine Richtung! Gegenüber bleibt der Teich völlig ruhig. Das gibt es doch gar nicht! Ich stehe am Ufer. Die Wellen werden länger und kräftiger. Benetzen meine Füße. Ich will umdrehen und davonlaufen, kann mich jedoch nicht von der Stelle rühren. Der Hund schläft noch immer. Spürt er nichts? Jana mit ihren feinen Sinnen hätte doch schon längst Alarm schlagen müssen. Sie rührt sich kein Stück. Über dem kreisrunden Loch tanzen Nebelschwaden, verdichten sich. Es flimmert.

Das Summen ist lauter geworden, durchdringender und scheint von überallher zu kommen. Die Wellen umspülen meine Knöchel, angenehm schmeichelnd und lockend. Von der Mitte her hat sich ein schmaler, freier Korridor in der Entengrütze gebildet, der in gerader Linie zu mir führt. Ich kann mich noch immer nicht bewegen. Der Nebel formt sich, bildet wirre Figuren, ballt zusammen, löst sich auf.

Das Summen ist an der Grenze des Hörbaren angelangt und schmerzend hell. Aus den tanzenden Schleiern löst sich ein Gesicht, verweht, kommt wieder, wird deutlich und bleibt. Der Anblick raubt mir fast den Verstand.

Sollte es irgendwo im Universum vollkommene Schönheit geben - dann hier!

Sollte es jemals einen Ort gegeben haben, zu dem ich unterwegs war - dann dieser!

Sollte jemals ein Mensch auserwählt worden sein - dann ich.

„Du kommst spät.”

Die Worte wehen über das Wasser, treffen auf meine Haut, dringen in mich ein und lösen mich auf. Mein Körper wird transparent, schwerelos und hört auf zu existieren. Mein Geist schwingt sich auf Engelsflügeln empor in den azurblauen Himmel und schwebt im Nirgendwo.
Wer bin ich?   Wann bin ich?   Warum bin ich?

In mir ist das größte Glücksgefühl, das man empfinden kann. Es gibt nur diesen Augenblick, er dehnt sich zur Unendlichkeit. Ich weiß nichts und doch alles. Ich bin Mensch und Gott zugleich. Die Welt ist mein. Ich kann sie haben, wenn ich will. Es genügt ein Wimpernschlag. Tief unter mir stehe ich am Rand des Weihers, über dessen Oberfläche das unglaublichste Wesen schwebt, das jemals existierte - die Moorhexe.

Seidig glänzendes Haar wellt ihr mahagonifarben bis weit über die Hüften. Hauchzarte Schleier spielen in ständiger Bewegung mit ihrem Körper. Ein schmales, goldenes Band, besetzt mit tausend winzigen Edelsteinen umspannt ihre Stirn. Ihre Haut hat die Farbe des Erntemondes um Mitternacht. Ihr Lächeln zu beschreiben, fehlen mir die Worte. Ich sehe sie an und verliere mich in ihrem Blick. Ihre Augen wechseln vom Blau der Südsee zum Grün der saftigen, schottischen Wiesen und wieder zurück. Sie schaut mich an und weiß alles von mir. Ihr Blick dringt in den letzten Winkel meiner Seele. Sie taucht in mich ein und ich in sie. Hinter ihr hat sich das Tor zur Ewigkeit geöffnet, sie bietet mir ihre Hand zum Geleit. Meine Sehnsüchte, meine Träume und meine Hoffnungen - alles ist in diesem Augenblick. Alles ist leicht und klar. Ich brauche nur einen Schritt zu tun und bin frei.

„Aber nun bist du hier und das ist gut."

Die Worte wischen den letzten Gedanken an etwas anderes als das Hier und Jetzt hinweg. Mein Wille weht auseinander, wie eine Pusteblume im Wind. Tief in mir habe ich es immer gewusst. Sie war es, deren Stimme mich seit langem erreichte. Sie lenkte meine Schritte. Bei meinem ersten Besuch legte sie den Samen der Sehnsucht in mein Herz, unmerklich ist dieser aufgegangen. Jetzt ruft sie mich. Ihrem Ruf kann ich nicht widerstehen und will es auch nicht. Wie konnte ich bisher nur leben?
„Komm!"

Lockend hallt es herüber und löst meine Erstarrung. Langsam gehe ich vorwärts. Das Wasser umspült meine Waden, reicht bis ans Knie. Es ist sanft und seidig. Der Grund fällt hier gleich steil ab, bis ins Bodenlose. Ich weiß es von einem Bad, dass mich im vorigen Jahr an einem heißen Sommertag erfrischte. Heute jedoch gehe ich nicht zum Schwimmen hinein. Ich zögere, will umdrehen.

„Komm!"

Plötzlich ist sie ganz nah, reicht mir die Hand und zieht mich zu sich. Ein Hauch frischer Bergwiesen erfüllt die Luft. Ihre Schleier streifen meine Wangen. Das Haar wechselt vom Mahagoni zum Tizianrot. Ihre Augen sind nun tiefgelb und lassen mich nicht mehr los. Alles, was bis heute wichtig schien, existiert nicht mehr. Ich bin am Ziel.

Wütendes Gebell reißt mich aus meinem Traum. Mühsam öffne ich die Augen. Bis zu den Knien stehe ich im Wasser, kurz vor dem Abhang im Teichgrund. Am Ufer hinter mir bellt sich mein Hund die Seele aus dem Leib. Janas Nackenhaare sind aufgerichtet, der Schwanz zuckt nervös hin und her, sie fletscht die Zähne. So wütend habe ich sie noch nie gesehen. Ich drehe mich um und starre entsetzt auf das Wasser.

Die Entengrütze ist aufgerissen. Das anfangs kleine Loch wird rasch größer, erreicht einen Durchmesser von ein, zwei Metern. Bleibt ein paar Sekunden, wächst weiter auf drei, vier Meter. Blasen steigen hoch, erzeugen Wellen, die mich in leichten Schwingungen erreichen. Ein frischer Duft weht über das Wasser.

Nach Sekunden der Erstarrung kann ich mich von dem Anblick losreißen und ans Ufer springen. Jana bellt immer noch. Ich nehme sie an die Leine und ziehe sie hinter mir her zum Durchgang. Aber der ist verschwunden! Ich bin gefangen!

Jana schnuppert am Rand. Zielsicher dringt sie in das Schilf ein und ich folge ihr blindlings. Die hohen Halme schlagen mir von beiden Seiten ins Gesicht, während ich in Panik den winzigen Pfad entlanghaste. Endlich sind wir draußen, wieder auf dem schmalen Rundweg. Ohne nachzudenken wende ich mich in die Richtung, aus der wir gekommen sind. Jana findet auf der eigenen Spur sicher zurück, ohne im Sumpf zu landen. In der Luft ist wieder dieses durchdringende Summen, und aus weiter Ferne, gleich einem Hauch, glaube ich einen leisen Abschiedsgruß zu hören.

„Bis bald", ruft es.
„Ich warte auf dich."

Im gleichen Moment schießt eine Hand aus dem Morast, umklammert mein Fußgelenk und bringt mich zu Fall.
'Jetzt ist es aus', kann ich gerade noch denken, ehe ich in voller Länge hinschlage, mit Kopf und Oberkörper ins brackige Wasser. Ich rapple mich wieder hoch und renne weiter. Die Hand war nur eine knotige alte Wurzel. Jana ist weit voraus. Sie läuft, als wäre der Teufel hinter ihr her. Ich bin nicht weniger schnell. Fast gleichzeitig erreichen wir die Kiefernschonung. Ich kann nicht mehr. Auch Jana hechelt wie eine Dampflokomotive. Wir sind fix und fertig und lassen uns ins Gras fallen. Das Summen wird wieder lauter und schwillt weiter an, bis es schmerzhaft in den Ohren dröhnt.
'Sie lässt dich nicht geh'n', denke ich.
Wie konnte ich nur annehmen, der Moorhexe zu entkommen. Lächerlich! Im gleichen Moment schießt der rote Rettungshubschrauber des DRK über uns hinweg und nimmt das schmerzende Geräusch mit sich fort. Meine Angst entlädt sich in einem lauten, idiotischen Lachen. Das Herz rast wie ein Dampfhammer. Sicher liegt der Puls bei einhundertsechzig oder mehr. Wären meine Sachen nicht vom sumpfigen Wasser nass geworden, hätte sie bestimmt der Angstschweiß völlig durchweicht. Noch dazu sehe ich aus, als hätte ich mindestens eine Woche im Wald übernachtet. Meine Frau wird sich freuen. Tüchtig schimpfen wird sie und mich vor allem gehörig auslachen. Recht hat sie. Ich habe ihr nie von dem kleinen Weiher erzählt. Es sollte mein Geheimnis sein. Und wer weiß,

vielleicht wäre ich doch noch auf mystische Kräfte gestoßen. Vorerst jedoch bin ich von solchen Gedanken kuriert.

Ich liege einfach da und sehe in den blauen Himmel. Mein Gott, was habe ich mir da zusammenfantasiert. Aber der Traum war so real, fast zum Greifen. Unwillig schüttle ich den Kopf. Schuld an dem Ganzen sind nur meine spinnerten Gedanken, meine ständige Suche nach dem Mystischen und meine Bereitschaft, daran zu glauben. Langsam werde ich ruhiger. Höchste Zeit für den Nachhauseweg. Ich habe zwar angekündigt, dass es später wird, jedoch macht sich meine Frau bestimmt schon Sorgen. Es ist bereits Abend. Die Sonne hat sich hinter einer Wolkendecke versteckt. Vereinzelt fallen erste, dicke Tropfen.

Unterwegs habe ich genügend Zeit zum Nachdenken. Ich entschließe mich, meiner Frau nichts von meinem Erlebnis zu berichten. Meinen Zustand werde ich mit einem Sturz am Wässerungsbrunnen in der Apfelplantage erklären, durch die wir noch gehen müssen.

Werde ich dem Weiher noch einen Besuch abstatten?
Nun, wer kann schon sagen, was geschieht.

In dunkler Macht

„Du bist so schön, so zart, so rein,
für immer will ich bei dir sein,
erhöre mich, du holde Maid,
beende rasch mein Herzeleid."

Gar lieblich klingen diese Worte,
umgarnen stetig ihren Sinn,
und vor der elterlichen Pforte
gibt sie sich seinem Drängen hin.

„Komm Liebchen, komm, es ist nicht fern.
Nimm meine Hand hier zum Geleit."
Sie wehrt sich nicht mehr, folgt ihm gern,
man eilt davon, jetzt Seit an Seit.

Sein Mantel birgt vor fremden Blicken
der Jungfrau liebliche Gestalt,
ein Schauer streift des Mädchens Rücken,
sie fröstelt, ihr wird bang und kalt.

Er läuft mit ihr durch fremde Gassen,
in denen fehlt ein jeglich' Licht,
sie kann nicht fliehen, ihn nicht lassen,
und wirklich will sie es auch nicht.

Die letzte Biegung, freies Feld,
sein Ruf hallt weithin durch die Nacht.
Ein schwarzer Wagen kommt, er hält.
„Was hat er nur mit mir gemacht?"

Galant zum Tritt reicht ihr die Hand
der schöne Fremde und voll Bangen
verhält sie, aber wie ein Band,
nimmt sie sein Augenpaar gefangen.

Hinein steigt sie, die Kutsche rollt,
fort all ihr Zweifel, ihr Bedenken.
Sie tut, was sie nicht hat gewollt,
das Schicksal soll es weiter lenken.

Und voller Wonne lässt sie bebend
ins Polster sich herniedersinken.
Wie schön sie ist, so jung, so lebend,
den Quell der Jugend will er trinken.

Ganz zaghaft erst, wie Abendhauch,
berührt er sie, ist wie ein Traum.
Dann drängt er, stark und gierig auch,
den ersten Biss verspürt sie kaum.

Doch schon beim zweiten, voll Entsetzen,
erwacht sie, ahnt, wohin es geht.
Sie kämpft, zerreißt sein Hemd in Fetzen,
will fort nur, fort, jedoch zu spät.

Tief gräbt er sich in ihre Kehle,
das Leben rinnt, so hell, so rot,
und mit dem Leben flieht die Seele,
was folgt ist schlimmer als der Tod

Kalt wird es, kälter, bleicher Mond
verhüllt sein Antlitz vor dem Grauen,
zum Schloss hinan, das düster thront,
jagt's nun dahin durch Feld und Auen.

Entflieht der Sonne Todesstrahl,
die bald ihr Licht der Welt muss geben,
beginnen wird jetzt ihre Qual,
verdammt zum ewiglichen Leben.

Im Elfenreich

Bei Vollmond sah im jungen Hain,
froh tanzen ich der Elfen fein
und ward von ihnen gleich entdeckt,
bevor ich wieder mich versteckt.

Sie nahmen mich und zogen hin,
zur Lichtung tief im Walde drin.
Dort saß auf spinngewebtem Thron,
des Waldesgottes jüngster Sohn.

„Für Menschenaug' war nicht gedacht,
der Elfen Tanz um Mitternacht.
Bleib nur bei uns, du darfst nicht geh'n,
gar tausend Wunder sollst du seh'n."

Ich konnt' nicht rühren und nicht flieh'n,
als Elfenfrau und Spinnerin,
voll Liebreiz zogen ihren Kreis
und zauberten mein Herz zu Eis.

Ich wurde noch in gleicher Nacht
zur Elfenkönigin gebracht.
Als knieend dann vor ihrem Thron,
bestimmt sie mich zum Schwiegersohn.

Und die Prinzessin, honiggleich,
entführte mich ins Elfenreich.
Ihr erstes Wunder sollte sein,
dass ich, genau wie sie, so klein.

Als zweites wuchsen, hell und zart,
vier Flügel, dann verschwand mein Bart.
Zum Dritten nun ihr Zauberstab,
mir Wort und Sinn der Tiere gab.

In Pracht und Glanz und Heiterkeit,
das Elfenvolk auf Lebenszeit,
nicht Sorgen, Kummer, Traurigkeit,
zu Spiel und Tanz sie stets bereit.

Auch Perlen, Gold und Edelstein,
der Schatz mag unermesslich sein,
und jeder Elf, der uns geseh'n,
blieb tief verneigt am Wege steh'n.

Nie sah ich solche Wunderwelt,
wohl unter Gottes Himmelszelt.
„Und alles dies sei ewig dein,
willst du mich heute Nacht noch frei'n."

„Wirst du mein Prinz, oh Menschensohn,
besteigen wir den Elfenthron,
und jedes Wesen, groß und klein,
wird stets zu uns'ren Diensten sein."

So sehr der Kopf auch Feuer fing,
begann mein Herz, das dumme Ding,
zu regen sich, schmolz ab das Eis
und wurde heißer noch als heiß.

Es gab mir schließlich jene Kraft,
die auch auf Erden Wunder schafft,
rief nun dem Zauber ein 'Adieu'
und brachte mich in lichte Höh'.

War's Frühling, als ich fuhr hinab,
der Herbst jetzt sein Willkommen gab.
Ich hatt' in jener einen Nacht
ein halbes Jahr dort zugebracht.

Und wusste auch, dass ich zum Glück,
im allerletzten Augenblick,
entronnen war dem Zauberreich,
wo alles schön und jung und gleich.

Ob Reichtum, Glanz und holder Schein,
das reicht mir nicht zum Glücklichsein.
Es hat in jener Wunderwelt
die wahre Liebe mir gefehlt.

Ein Lied der Heide

Ein Wandersmann mit leichtem Sinn,
zog frohgemut des Weg's dahin,
durch sommerliche Heide.
Gar lieblich Kind er vor sich sah,
wie Gott geschaffen, lag sie da
und nebenan ihr Kleide.

Wär' eine Sünd', ging er vorbei
und nähme nicht, was da so frei
sich plötzlich dargeboten.
Das fehlte ihm schon gar zu lang,
und ersten Kusse haucht' er bang
auf ihren Mund, den roten.

Die Maid erwachte gleich darauf,
schlug ihre blauen Augen auf
und wähnte sich im Traume.
„Ich bitt' dich, bleib' und fliehe nicht",
bat sie des Jünglings Angesicht.
Der hielt sich nicht im Zaume.

So schwangen hoch sie sich empor
und klopften an das große Tor
der seelig süßen Wonne.
Sie wünschte, dass es nie vorbei,
doch Sommer war's, und nicht mehr Mai
und heiß dazu die Sonne.

Als dann die Abendglocke klang,
zum Abschied er ein Lied ihr sang
und eilte ohne Säumen.
„Oh Jüngling, kehre doch zurück!
Ich werde warten voller Glück
und wieder mit dir träumen."

Warum ?

Reglos liegt er am Straßenrand,
ein Stück vom Lenkrand in der Hand.
Ganz leis' verrinnt das junge Leben,
und bei der Frau, die dicht daneben,
färbt sich das blonde Haar blutrot.
Sie war Sekunden vor ihm tot.

Wild war die Disco, lang war die Nacht,
sie waren gut drauf haben's gebracht.
Coole Drinks, heißer Sound,
harter Speed, lock'res Geld,
so weit ist der Morgen,
und noch weiter die Welt.

Es zählt nur das HEUTE,
das HIER und das JETZT -
doch am Spieltisch des Lebens
ist UNGLEICH gesetzt.

Die Straßen sind eben,
hinten wird es schon hell.
So weit kann man sehen,
und er fährt viel zu schnell.

Hält das Lenkrad ganz lässig
mit lockerer Hand,
zupft den Teufel am Bart,
setzt sein Leben als Pfand.

Ein Schatten von rechts -
plötzlich dreht sich die Welt.
Zu spät kommt ihr Schrei.
Da ist nichts was sie hält.

Der Aufprall ist hart,
schleudert beide hinaus.
Sie denkt noch:
'Die werden jetzt warten zu Haus.'

Sie fliegt weit in den Himmel,
kann das Morgenrot seh'n -
sieht die Sonne erwachen,
unbeschreiblich und schön.

Und am Ufer des Stromes
der ewigen Zeit,
macht ihr Fährmann das Boot
für die Reise bereit.

Abgrund

Die Nacht ist gegangen, die Sonne sie lacht,
jetzt raus aus den Federn, es ist schon nach acht.
Das Frühstück schmeckt lecker, nun ab in den Tag,
der Schelm bleibt zu Hause und mit ihm die Plag'.

Auf geht's in den Morgen, mit Frau, Kind und Hund,
wir lassen die Sorgen zu fröhlicher Stund'
und ziehen ins Blaue, der Weg ist das Ziel,
sind voll guter Laune und munter das Spiel.

Durch Wiesen und Auen, so führt uns der Weg,
viel Zeit ist zum Schauen, auf Pfad und auf Steg.
Wir tauchen ins Dunkel, der Wald nimmt uns auf,
kühlt heiße Gesichter, verlangsamt den Lauf.

Ganz fern klingt ein Rufen, voll Sehnen und Fleh'n,
scheint keiner zu hören und keiner bleibt steh'n.
Der Wald ist nun dichter und eng jeder Tritt,
die Sonne fehlt gänzlich, fast blind wird mein Schritt.

Das Rufen kommt lauter, jetzt fordernd erschallt,
sonst niemand will's hören, und mir ist so kalt.
Was mag mich nur ziehen? Ach, kehrt' ich doch um!
Voraus sind die ander'n, und ich bleibe stumm.

Die Rast wird nicht lange, ich darf nicht verweil'n,
der Wald nimmt keine Ende, es drängt mich, muss eil'n.
Mein Weib schaut voll Sorgen, mein Kind ist ganz still,
der Hund geht nicht weiter, als ob er nicht will.

Der Wald wird nun lichter, bleibt gänzlich zurück,
noch wenige Schritte und frei schweift mein Blick.
Auf steiniger Höhe, so drohend er steht,
der Turm meiner Träume und kalt von dort weht.

Es raunt von hoch droben: „Du brauchst nicht mehr viel,
die Sonne steigt, eil' dich, bald bist du am Ziel."
Die Tür, eine Treppe, ein Zaudern: „Nun los !"
Was kann mich noch halten? Was mach' ich hier bloß?

Ich eile die Stufen, sind hundert und mehr,
die Treppe scheint endlos, der Aufstieg nicht schwer.
Tief unter mir Schritte, ich bin viel zu schnell,
mein Weib wird's nicht schaffen, zu spät erst zur Stell.

Ich schaue hinunter, mein Gott, ist das tief,
hör' wieder die Stimme, die immer mich rief:
„So komm, lass uns fliegen, es ist nichts dabei.
Du schwebst wie ein Vogel und bist endlich frei."

Mich schaudert, mich grauset, ich will schnell zurück
und kann doch nicht lösen vom Abgrund den Blick.
Geländer umklammert, sind Stangen aus Eis,
das Herz rast, ich zitt're und kalt rinnt der Schweiß.

Mein Weib auf der Treppe: „Oh bitte, tu's nicht!"
Die Angst um mein Leben steht ihr im Gesicht.
„Nach vorn!", ruft die Stimme, „Du kannst nicht zurück!
Komm' weg, lass sie fahren, es war nie dein Glück!"

Ich dreh' mich hinüber, so leicht ist der Schwung,
die Liebe schafft's nicht mehr, der Tag ist noch jung.
Im Stolpern noch ruft sie: „Oh Gott, lass das sein!"
Ich springe ins Blaue des Himmels hinein.

Sie scheinen nicht so recht in dieses Buch zu passen, die Gedichte über den Krieg.

Jedoch - wo passt der Krieg schon hin?

Alle Themen und Gefühle, die in den vorangegangenen Texten behandelt wurden, finden auch im Krieg ihren Widerhall.

Angst

Die Angst ist im Krieg allgegenwärtig. Zur Angst um das nackte Leben, gesellt sich Angst vor Verletzung und Schmerz, vor Krankheit, Hunger, Gefangenschaft und Vergewaltigung. Angst vor dem Verlust der körperlichen Unversehrtheit und dem Verlust all dessen, was einem lieb und teuer ist, Partner, Kinder, andere Verwandte und Freunde, Hab und Gut.

Für die meisten von uns ist diese Angst abstrakt und weit entfernt. Lediglich die älteren Bürger können sie nachempfinden. Wir jüngeren Deutschen wissen zum Glück nur aus Erzählungen unserer Eltern und Großeltern, wie furchtbar sich Sirenengeheul anhört, wenn die Bomber dröhnend im Anflug sind. Wir können uns nicht vorstellen, wie groß die Angst wachsen kann, wenn man im Luftschutzbunker die Einschläge zählt, die sich in zitternden Wellen nach allen Seiten ausbreiten. Wir ahnen nicht, was es heißt, den Mann, Vater, Bruder oder Sohn als Soldat an der Ostfront zu wissen und mit der quälenden Ungewissheit über sein Schicksal monate-, vielleicht jahrelang leben zu müssen.

Träume

All diese Ängste setzen sich in den Träumen der Betroffenen fort.

Jedoch sind nicht alle Träume vom Krieg voller Angst.

So mancher Krieger träumt von Ruhm und Ehre, die er im Krieg zu erlangen hofft. Wodurch? Indem er andere Menschen tötet. Was für eine perverse Vorstellung!

Seit es Menschen gibt, träumen sie vom Kampf, deuten gar Träume und deren Fragmente, um den Ausgang des Kampfes, des Krieges vorhersagen zu wollen. Der Medizinmann macht die Krieger unverwundbar, die dann im Kampf mit dem weißen Mann reihenweise getötet werden, obwohl ihm der große Geist im Traum den Sieg verkündet hat.

Der weiße Mann wiederum träumt von einem neuen Leben, einem neuen Anfang in der neuen Welt. Der Verwirklichung dieses Traumes steht nur etwas im Weg - der Eigentümer eben jenes Landes, welches er besiedeln möchte. Wie dieses Hindernis beseitigt wurde, ist hinlänglich bekannt. Und diese Methode hat sich bis heute bewährt, wie der jetzige Präsident der Vereinigten Staaten von Amerika, George Bush, ungestraft am Beispiel Irak demonstriert.

Der Ritter träumt vom Kampf mit dem Drachen, um das angebetete Burgfräulein zu beeindrucken. Der Kreuzritter träumt von der Befreiung des heiligen Grabes, Spartakus von einem Leben ohne Sklaverei, Napoleon von einem Europa, in dem französisch gesprochen wird und der in Braunau am Inn geborene Österreicher träumt von der Weltherrschaft.

All jene versuchten, ihren Traum durch Kampf und Krieg zu verwirklichen. Wie wir wissen, ergebnislos aber mit fatalen Folgen.

Verführung
Bevor jedoch diese Ergebnislosigkeit endgültig wurde, hatten sie Hunderte, Tausende, ja Millionen anderer Menschen dazu verführt, ihnen zu folgen.

Ohne die Verführung seiner Soldaten kann der Feldherr keinen Krieg beginnen. Ein Befehl allein genügt nicht.

Sie werden verführt, in den Krieg zu ziehen mit dem Versprechen, Ruhm und Ehre zu erlangen, das Vaterland zu befreien, Gott zu dienen, durch Beute reich zu werden.

Wer ausschließlich für Geld kämpft, ist wohl noch am besten dran, denn er kann den Gegenstand, der ihn verführt hat, im Falle des Überlebens in seine Tasche stecken.

Dass es Meister der Verführung gibt, zeigt uns das Beispiel des braunen Diktators, der es verstand, ein Volk zu verführen.

Solange es Menschen gibt, werden immer einige sein, die andere zu verführen suchen, ihnen bei der Verwirklichung ihrer Träume von Herrschaft und Macht zu helfen. Und jene lassen sich verführen, durch Gewalt Angst und Schrecken zu verbreiten und sich selbst dadurch ein bisschen mächtiger zu fühlen als die Unterdrückten.

Wie erbärmlich!

Argumente

Räder rollen für den Sieg,
Räder rollen für den Krieg,
Räder rollen in den Tod,
Räder rollen ohne Not.

Krieger ziehen in den Krieg,
Krieger kämpfen für den Sieg,
Krieger sterben für die Pflicht,
Krieger denken dabei nicht.

Bomben fallen auf die Stadt,
Bomben machen alles platt,
Bomben haben kein Gesicht,
Bomben freuen sich auch nicht.

Ein Befehl ist nur ein Wort!
Ein Befehl schickt Söhne fort!
Ein Befehl bringt Kinder um!
Ein Befehl fragt nicht, warum!

Gänsehaut

„Komm' gesund nach Haus' zurück",
sagt die Mutter, „und viel Glück.
Sollst auch manchmal an mich denken
und nicht nur den Flieger lenken."

Drückt ihn kurz, er geht davon.
Sie ist stolz auf ihren Sohn,
Kampfpilot und flugerfahren
und dabei noch jung an Jahren.

Geht davon, denn es ist Krieg
und sein Präsident will Sieg,
will den bösen Feind bekehren,
denn der lässt sich nicht belehren.

Fliegt im ersten, zarten Blau
und sein Jet ist stark und grau,
wird die Last an seinen Schwingen
ganz gewiss nicht wiederbringen.

Und das Land versinkt im Staub,
denn der Frieden ist so taub,
lang vorbei die Zeit der Spiele,
und der Ziele sind so viele.

Letzte Bombe muss von Bord,
schneller Blick, ein rasches Wort,
kurzer Druck und dann ein Lauschen
und die Stille nach dem Rauschen,
und er flüstert: „Fly to kill!"
In der Kanzel wird es still,
aber nur ein paar Sekunden,
dann ist noch ein Ziel gefunden.

Heiß die Sonne, weit von hier
spielen Kinder vor der Tür,
hör'n den großen Vogel fliegen,
der ist immer noch am Siegen,
und ihr Tod hat kein Gesicht,
denn sie seh'n die Kugeln nicht.
Seine Bordkanonen dröhnen,
machen Leichen aus den Söhnen,
und er denkt an den Befehl,
der den Sieg erwartet: Schnell!
Will die zweite Schleife fliegen,
um den Rest noch zu besiegen,
denn das Kind wird mal ein Feind,
und ganz gleich, wer darum weint,
weint doch nur um Feindes Leben.
Und dann fliegt er ohne Beben,
ziemlich gutgelaunt zurück.
Dieser Einsatz ist sein Glück,
denn er hebt ihn ein Stück weiter
hoch, auf der Karriereleiter.

Die Eroberung

Nur zögernd schält mit ihren Türmen
die Stadt sich aus dem Morgendunst.
Heut' werden sie die Mauern stürmen
und hoffen auf der Stunde Gunst.

Schon wochenlang umklammern Bande
den letzten Halt der Feindesmacht.
Bald ist das ganze Feindeslande
in ihrer Hand. Der Tag erwacht.

Die Amsel singt noch ihre Lieder
im leichten, kühlen Morgenwind,
so mancher hört sie niemals wieder.
Das Zeichen kommt. Der Kampf beginnt.

Mit Kriegsgeschrei und wie von Sinnen
und keinen Blick für's Morgenrot,
erstürmt das Heer die stolzen Zinnen,
und jeder Zweite ist schon tot.

Zwar wehrt sich Bürger und auch Bauer,
der in die Stadt geflohen war,
doch dies ist nur von kurzer Dauer,
dann bieten sie sich hoffend dar.

Vertrauend auf des Siegers Gnade,
trägt man die Waffen zu ihm hin,
doch dieser ist im Siegen grade,
nach Frieden steht ihm nicht der Sinn.

Aus wildem Kampfe wird nun Morden,
es bricht sich Bahn die nackte Wut.
Von Ost nach West, von Süd nach Norden
ertrinkt die Stadt in heißem Blut.

Wenn schließlich lahm der Krieger Hände
und taub vom Schrei die Ohren sind,
hofft jeder, dass es bald zu Ende,
und leise stirbt das letzte Kind.

"Was für ein Sieg, ihr edlen Helden!
Den Feind zu strafen, war der Sinn!
Gleich sollt' ihr es dem König melden,
der glücklich über den Gewinn!"

In Büchern wird man später lesen:
"Gesiegt hat König Friedrich zwo.
Es war ein großer Kampf gewesen,
und Feinde schlägt man sowieso."

Kein Wort vom fürchterlichen Grauen,
und nichts vom Sterben ohne Grund,
kein Wort von hingemachten Frauen
und vom erschlag'nen Kindermund.

Wer zählt die vielen Leichenträger?
Wer zählt die Wunden, misst das Leid?
So mancher Richter, mancher Kläger,
verliert sein Amt im Strom der Zeit.

Des Krieges Ernte

Sitzt einer stumm am Berge,
schaut in das Tal hinab
und zählt der Heere Krieger,
die warten auf ihr Grab.

Steh'n da mit Schwert und Schilde
und voll Entschlossenheit,
zu sterben für den König
und die Gerechtigkeit.

Der auf dem Berge schauet
und sieht die Reihen fall'n,
hört wilden Kampfes Donner
vom Tale widerhall'n.

Noch eh' der Tag begonnen,
sind Tausende schon tot,
und hinter'm Feld verblasset
das zarte Morgenrot.

Der auf dem Berg sich wieget
und bricht ein frisches Reis,
steigt dann hinab zu Tale,
die Luft ist Blut und Schweiß.

Da liegen sie, erschlagen
und sind des Ruhmes voll,
es hat nur der gesieget,
der nie gewinnen soll.

Denn der kennt kein Erbarmen,
nimmt jeden tapf'ren Mann,
gibt weiten Schwung der Sense
und fängt zu ernten an.

Mister Präsident

Das Blut an deinen Händen
ist noch vom roten Mann,
vom gelben und vom schwarzen
und eig'nem Untertan.

Du trägst zu deinem Lächeln
den Tod noch im Gesicht,
und alle, die dich wollten,
die seh'n den Schatten nicht.

Und die dich darum wählten,
die sind vom selben Schlag
und werden dir noch jubeln
am allerletzten Tag.

Das letzte Gedicht dieser Sammlung ist mit seinen 46 Versen zugleich das umfangreichste und beherbergt in sich alle vorangegangenen Themen.

Ausgehend von den Träumen des jungen Mädchens von einer schönen Liebe und den Ängsten des Mannes, der weiß, was geschehen wird und es doch nicht verhindern kann, treffen beider Schicksale aufeinander. Sie erliegt bereitwillig seinen Verführungskünsten und wird, als sich ihr der bodenlose Abgrund seiner Seele offenbart, hart aus ihrem Traum gerissen. Hoffend, dass die qualvollen Träume, die ihn immer wieder peinigen, ein Ende finden, steigert sich dessen ungeachtet seine Angst vor dem Ungewissen ins Unermessliche. Mit seinem Tod schließlich stirbt diese Angst, der Kampf beider Persönlichkeiten, beider Seelen ist zu Ende.

Tanz in der Sommernacht

Das Mädchen und der Junge

Sie ist erst neunzehn, pralles Leben,
mit blondem Zopf im Blumenkranz.
Manch' Burschenherze wird erbeben,
geschwind hinunter, heut ist Tanz.

„Komm nicht so spät und sei gesittet!"
Der Mutter Ruf wird nicht vernommen.
„Wer mich wohl heut zum Reigen bittet?"
Von überall sind sie gekommen.

Rasch eilt sie hin zur Tanzeslinde,
wo schon der Freunde Schar beisammen.
Sie wiegen sich im Abendwinde,
ein großer Holzstoß steht in Flammen.

Der Spiegel zeigt ein bleich' Gesicht
und fremdes Bett in fremdem Zimmer.
Nun muss er geh'n, er will's doch nicht,
es drängt ihn schlimm und immer schlimmer.

Voll Sorgfalt rückt er seine Kleider,
sind peinlich sauber, nicht ein Fleck,
er weiß, sie bleiben nicht so, leider,
doch morgen ist er hier schon weg.

Schaut aus dem Fenster, in der Mitte
des Platzes ist viel Volk beisammen,
da muss er hin und wie's die Sitte,
darf er mit feiern bei den Flammen.

Sie dreht sich lachend und beschwingt,
wirft kecken Blick in weite Runde,
das Lied, von Lieb' und Leide singt,
kommt leicht und hell aus ihrem Munde.

Urplötzlich, wie ein Traumgesichte,
sieht er sie tanzen froh im Reigen,
er weiß es auch, im Tageslichte
wird sie sich völlig anders zeigen.

Unwillig wischt er die Gedanken,
die mahnend drängten, rasch beiseit'.
G'rad war's ihm wie ein leichtes Wanken,
schon blickt er wieder zu der Maid.

Schwarzbraune Augen, heiß wie Feuer,
folgt jeder Drehung, jedem Schritt.
„Was dort steht, ist mein Abenteuer,
ich hoffe nur, er nimmt mich mit."

So mancher aus der Burschenschar,
der sich mit ihr im Takte dreht,
erhoffte, dass im nächsten Jahr
mit ihm sie in die Kirche geht.

Doch danach steht ihr nicht der Sinn,
den Fremden nur seh'n ihre Augen.
„Wo kam er her, wo geht er hin?
Werd' ich für seine Hoffnung taugen?"

Er scheint zu zögern. „Will er nicht?
Wie gern läg' ich in seinen Armen.
Am End' missfällt ihm mein Gesicht?"
Sie spürt den Abendwind, den warmen.

Verlor'nes Ringen, kann's nicht halten,
ist nicht mein Wille, mag's gescheh'n.
Folg' jenem Ruf, dem ewig alten,
schick' mich jetzt an, zu ihr zu geh'n.

Nun endlich hat er, leicht verlegen,
die Maid gebeten um den Tanz.
Ihr Herz beginnt, sich wild zu regen,
ins Auge stiehlt sich heller Glanz.

Sie dreh'n sich fröhlich und beschwingt,
bestaunt, beneidet von den ander'n.
Was mag das sein, dass in ihr klingt?
Ruft's nach der Ferne, auf zum Wandern?

Die Tat

Galant umwirbt der Bursch' die Schöne,
sie zeigt sich auch nicht abgeneigt,
schon werden fordernd seine Töne,
gar bleicher Mond zum Himmel steigt.

Man eilt davon nach letzter Runde,
gebraucht hat's dazu nur ein' Blick,
lässt hier zurück so manche Wunde
und manch' gebroch'nes Liebesglück.

Der nahe Hain, zu beider Freud',
mit tiefer Dunkelheit empfängt.
Sie ist zum Kosen gleich bereit,
Gedanken an zu Haus verdrängt.

Oh, wonnig sanft sind seine Lippen.
Sie schließt die Augen, zittert, bebt.
Ein Wiegen erst, dann leichtes Wippen,
als er sie sachte zu sich dreht.

Er drängt sie, doch sein heiß' Verlangen
erregt sie nicht, an keiner Stell',
ins Glück stiehlt sich ein leises Bangen,
so will sie's nicht, geht ihr zu schnell.

Doch die Geduld ist hier zu Ende,
gar wohlig schaudernd greift er zu,
nimmt ihren Hals in seine Hände,
hofft nur, sie gäbe endlich Ruh'.

Du Maid, so wehr' dich, willst' dich lösen,
kommst doch nicht fort und viel zu spät,
siehst du im Angesicht des Bösen,
was lang' schon in ihm vor sich geht.

Nun bricht hervor des Tieres Wilde,
kein Mensch ist mehr in seinem Herz,
es hilft dir auch nicht Glaubes Schilde,
kein Gott wird lindern deinen Schmerz.

Ihr Todeskampf erregt ihn heiß,
und der Versuch, sich loszureißen,
macht ihren Körper nass vom Schweiß,
doch seine Hände sind aus Eisen.

Den Schrei versucht, jedoch kein Laut
dringt aus dem qualverzerrten Mund,
wie kalter Schnee im Märzen taut,
so schmilzt ihr Leben diese Stund.

Vergeblich sucht sie, zu entwinden
sich seiner Hände, seiner Kraft,
als ihre Sinne am Entschwinden,
entlädt sich seine Leidenschaft.

Zwei Augen voller Gier geweitet,
dies ist das Letzte, was sie sieht.
Er triumphiert, je mehr sie leidet,
wie grausam sich sein Mund verzieht.

Lebloser Puppe gleich bleibt liegen
ihr herrlich junger, schöner Leib,
von den einst warmen, weichen Zügen
steigt sanfter Hauch zur Ewigkeit.

Noch rauschestrunken
schleicht sich schaudernd,
erkenntnisreiche, frische Saat
in seinen Blick und ohne Zaudern
flieht er den Ort der bösen Tat.

Hetzt nun davon, doch ihr Gesichte
verfolgt ihn durch den finstren Wald,
erschöpft im silbern Mondeslichte
zwingt's rasend' Herz nun doch zum Halt.

Nicht glauben will er's, nicht verwinden,
doch wieder kam's durch seine Hand.
Soll er denn niemals Frieden finden
und rastlos zieh'n durch fremdes Land?

Qualvollen Blicks zu kalten Sternen
schwingt hoch ein wilder, heißer Schrei,
steigt auf, erklimmt des Himmels Fernen:
„Mein Gott, vergib, und sprich' mich frei!"

Zur Erd' gesunken, alte Bäume,
ihr Laub reicht ihm, sich zu bedecken,
tief rauschen sie in seine Träume,
bis ihn der Häscher Fäuste wecken.

Im leeren Kopf die Sinne schweigen,
er lässt geschehen, was geschieht,
kann sehen nicht, was man will zeigen,
hofft nur, dass dieser Traum bald flieht.

Die Vergeltung

Viel braucht's nicht und des Richters Stimme
spricht's Urteil: „Noch im Morgenrot
soll büßen er die Tat, die Schlimme,
hängt ihn am Halse, bis er tot."

Gehört hat er's, doch nicht vernommen,
erst als sie ihn davongebracht,
ist der Gedanke ihm gekommen,
schon bald beginnt die letzte Nacht.

Und diese Nacht wird wie sein Leben,
so kurz und hart, so schwach und schlecht.
„Oh Gott, ich bitt' dich, zu vergeben
und hoff' auf Gnade vor dem Recht."

Unmerklich stiehlt sich sanfter Schimmer
als Gruß vom ersten Tageslicht
hinein ins jämmerliche Zimmer.
Sein letzter Mut nun doch zerbricht.

Er hört sie nahen, klirrend Ketten,
sind Henkers Knechte, blutig rot,
nun kann ihn nichts und niemand retten,
der helle Morgen ist sein Tod.

Blind stolpernd geht es durch die Gänge,
man schleift ihn weiter mit Gewalt,
erwartet von der düstren Menge,
der Tag ist erst fünf Stunden alt.

Wie Blei so schwer sind seine Glieder,
gar eisig rinnt der Schweiß herab,
zu hören sind jetzt keine Lieder,
schon offen winkt das kalte Grab.

Du Gott hoch droben, siehst du nicht
des Frevlers harte Seelenqual?
Er tritt bald vor dein Angesicht,
sein Herz schlägt nun zum letzten Mal.

Er fleht Vergebung, bittet Gnade,
der Henker hört's mit eis'ger Ruh',
sein Blick wird trüb', der Speichel fade,
schon zieht es ihm die Kehle zu.

Aus dunklen Wolken zeigt's nun helle
und fingergleich auf das Gerüst,
mit seinem Tod ist auch zur Stelle
die Morgensonn', als wenn sie's wüsst'.

Sie wollte sich nicht früher zeigen,
steigt hoch auf blutig rotem Strahl,
beginnend ihren Tagesreigen,
zum Himmel an wie ein Fanal.

Meine Kindheit und Jugend verbrachte ich in Zwickau in Sachsen. Hier ging ich zur Schule und erlernte den Beruf eines Metall-facharbeiters. Anfang der siebziger Jahre zog ich nach Potsdam und Mitte der neunziger Jahre auf's Land, in die Gemeinde Kloster Lehnin.

Meine literarische Laufbahn begann bereits in der Schule in Form von Aufsätzen, die bei meinem Deutschlehrer recht gut ankamen. Das Gedichte Schreiben beschränkte sich am Anfang auf Herz / Schmerz Liebesgedichte und etliche humoristische Vers-konstrukte. Die Mehrzahl meiner bisher geschriebenen fast 500 Gedichte entstand nach der Jahrtausendwende. In der Zeit von 2004 bis heute veröffentlichte ich einen Roman, eine Anthologie, zwei Sachbücher und fünf Gedichtbände, In Arbeit sind ein weiterer Roman und verschiedene Erzählungen.
Darüber hinaus soll die Traumflieger – Reihe noch einen dritten Band erhalten.

Mehr über mich und meine Arbeit unter www.wolfgangwalther.de

Mit Blüten träumen - Natur- und Liebesgedichte,
2. Auflage, 132 Seiten, A 5, broschiert, 24 Fotos, teils in Farbe
Books on Demand 2019, ISBN 3-8334-1154-6, 12,50 Euro

So was kommt von so was - Heiteres und Weiteres,
120 Seiten, A 6, broschiert, illustriert,
Engelsdorfer Verlag 2007, ISBN 3-86703-357-9, 9,20 Euro
(vergriffen, nur noch Restexemplare beim Autor)

Kaukasen küsst man nicht - Ein tierisches Abenteuer (Roman),
2. Auflage, 212 Seiten, A 5, broschiert, 14 Fotos
Books on Demand 2018, ISBN 9783833430053, 13,90 Euro

Unterwegs - Ein poetischer Streifzug durch Zauche und
Fläming (Gedichte),
2. Auflage, 132 Seiten, A 5, broschiert, 47 Fotos, teils in Farbe,
Books on Demand 2018, ISBN 9783848202980, 13,90 Euro

Die Bande vom Eiskellerberg - Ein Draußen - Kind erinnert
sich,
Im Zwickau der 50er und 60er Jahre,
4. Auflage, 180 Seiten, A 5, broschiert, 47 Fotos
Books on Demand 2018, ISBN 9783732237876, 16,00 Euro

Gedichte - sämtliche, bis 2016 entstandenen lyrischen Werke
2. Auflage, 416 Seiten, A 5, Hardcover
Books on Demand 2016, ISBN 9783734762932, 24,50 Euro

Kein Hund für Stubenhocker –
Geschichten über und mit dem Herdenschutzhund, 216 Seiten,
A 5, broschiert, 38 Fotos teils in Farbe
Books on Demand 2018, ISBN, 9783746098388, 14,90 Euro

Haushaltstag und Westpakete
Erinnerungen an den Alltag in der DDR,
216 Seiten, A 5, broschiert, 22 Fotos teils in Farbe
Books on Demand 2019, ISBN 9783738645392 , 14,90 Euro

Mehr zu allen Titel erfahren Sie unter www.wolfgangwalther.de